见识城邦

更 新 知 识 地 图　拓 展 认 知 边 界

刘刚 李冬君
- 著 -

文化的江山

03

中国风雅颂

中信出版集团 | 北京

图书在版编目（CIP）数据

文化的江山．3，中国风雅颂 / 刘刚，李冬君著．--
北京：中信出版社，2019.10（2024.1 重印）
ISBN 978-7-5217-0751-9

Ⅰ．①文… Ⅱ．①刘… ②李… Ⅲ．①中国历史－研
究－商周时代 Ⅳ．① K207

中国版本图书馆 CIP 数据核字 (2019) 第 126725 号

本书仅限中国大陆地区发行销售

文化的江山 03：中国风雅颂

著　　者：刘　刚　李冬君
出版发行：中信出版集团股份有限公司
（北京市朝阳区东三环北路 27 号嘉铭中心　邮编　100020）
承 印 者：北京尚唐印刷包装有限公司

开　　本：787mm × 1092mm　1/16　　印　　张：19.5　　字　　数：272 千字
版　　次：2019 年 10 月第 1 版　　印　　次：2024 年 1 月第 2 次印刷
广告经营许可证：京朝工商广字第 8087 号
书　　号：ISBN 978-7-5217-0751-9
定　　价：68.00 元

目 录

引　言

发现文化的江山

历史上，其实有两种中国史观。

一个是二十五史里的中国，叫作王朝中国。

一个是贯穿了所有王朝的中国，叫作文化中国。

所有王朝，都在兴亡交替中，短则数十年，长则二三百年，都难逃一亡；唯有文化中国越千年，历百世，还在发展，凝然而成文化的江山。

江山自然生成，人居其中，文而化之，而成国家。

英雄行走大地，人与山川相映发，而使文明开化。

英雄从远古走来，从神话走向历史，留下一个传说时代，被结集在《山海经》里，无论成书于何时，它都留下了初民用文明初曙之眼看到的世界。

《山海经》之所在，是个自由的世界，而非大一统的世界，是英雄的世界，而非神的世界，其主体为人，是表现为形形色色的文明图式的万物之灵，而非神。

《山海经》的世界，不仅在传说中存在，还通过考古发掘出来。

在考古学的框架里，它被归纳为几个相互作用的文化区系，每一区系，都拥有一大批文化遗址，这些遗址，如满天星斗，覆盖天南地北，不仅存在于大河上下，按流域分布，还从山到海，从昆仑到蓬莱。文明的存在，对应了那个《山海经》世界。

初民都相信，文明的种子来自天上，所以，先要在高山上生长。昆仑是最高的山，不光是天下水源地，更是文明起源地。然后，文明还要顺着河流下山去，流域所至，择其要处，或为村落，或为城市，或为国家，唯有国家，才能使文明长大。

文明在全新世大暖期里生长，度过了人类最美好的一段时光。

在江南河姆渡文化里，我们看到了有别于《圣经·创世记》伊甸园的中国式天道伊甸园，我们相信，《庄子》里说的那些比炎黄还要古老的人物，就应该在这里出现，不能像史官文化那样将它们当作荒诞的寓言。还有仰韶文化，分布在黄河中上游，从那天真烂漫的彩陶上，我们看到了文化中国的起源。而良渚文化则在“从东南往西北”的历史运势线上，开辟了一条玉石之路，贯穿了长江与黄河两大流域，用玉文化融合了两大文化区系，就在以玉为标志的制度文明——礼制的产床上，一个“审美的国度”——文化中国诞生。

人类在全新世开启了一个新时代，那就是考古学上的新石器时代。从新石器时代走向青铜时代，这是世界文明史的通例。但中国却有一个例外，那就是，当西方文明正走向青铜时代时，中国文明则顺着新石器文明的惯性，进入一个审美的玉器时代。西方文明史视野下的古代国家起源于青铜时代，而中国文明史视野下的古代国家则起源于玉器时代，这是我们在研究中的一个重要发现，以此而有了不同于西方文明的国家观念。青铜文化的国家与玉文化的国家有不同的文明属性：青铜国家的本质，有着明显的暴力认同的特征；而玉制的国家，就如同玉本身，不具有青铜那样的暴力属性，呈现出文化认同的特性。

《山海经》的世界，就包含了青铜时代和玉器时代。考古学认为，《山海经》反映的世界，处于金石并用时期，还把玉器当作新石器的一部分。这显然是不够的，因为，玉器与石器的差异不在于材质，而在于功能。玉虽被称作“美石”，但其材质显然已不重要，重要的是那个“美”字，它强调了玉器的审美功能，以区别于石器的实用性。所以，我们更倾向于用审美的方式来称呼那个时代，不是称作“金石并用”，而是称为“金声玉振”。

相比之下，在《山海经》里，是“金声”初起，而“玉振”已大作，明显有一个玉文化的体系存在，叶舒宪在《山海经的文化寻踪》中谈到，在夏商周还没有开始，汉字也还没有出现的时候，在中国境内已经有八个文化是崇拜玉礼器的，中国在四千年前已经被玉文化先统一了。我们举双手同意他的这一说法，但他接着又说了一句，就是那时中国还没有，整个东亚这块已经被玉文化统一了。为什么要说“中国还没有”呢？那时，没有王朝中国，还有文化中国呀，那被玉文化统一了的不就是文化中国？好在还有我们认领。

用王朝中国的史官文化来看，《山海经》无非“怪力乱神”而已；从文化中国的角度来看，《山海经》的世界则是一座史前文化的江山，是文化中国赖以成长的摇篮。我们重读中国历史，尤其是文化中国的历史，要从《山海经》开始，《山海经》可以说是一部玉器时代流传下来的文化中国图志，虽为历代王朝所屏蔽，却被文化中国不断重启。

王朝中国是青铜时代的产物，代表着“金”，文化中国是玉器时代的产物，其本为“玉”，可以说，文化中国是礼玉文明的一个政治成果。以良渚文化遗址所反映的国家样式为例，我们似可确认，那是一个信仰与审美的国度，也有权威，但基于文化认同。

这样“文化中国”与“王朝中国”，就从根本上区分开了。因为，王朝中国是由文化中国“西化”而成的文明古国的改良版，所以，青铜时代的世界体系，终于在“金玉良缘”的王朝中国画上了完满的句号。四大文明古国中的三大古国相继消亡以后，继之而起的王朝中国，在与文化中国的互动中，又将文明古国的国脉延长了约三千年。

作为四大文明古国之一，中国的历史应该有五千年。可甲骨文的发现和殷墟考古，证明了孔子引用的“惟殷先人有册有典”（《尚书·周书·多士》），有文字记载的历史只有三千多年。但殷墟不是起点，而是高峰。那么，起点在哪里？孔子还说过“祖述尧舜”和“殷因于夏礼”，说明殷的前面还有个夏，说殷人继承了夏的礼仪制度，那就是已经把夏当作一个世袭制的王朝国家。夏的前面，还有尧和舜，他们的国家有可能是个尚贤与禅让的方国联盟。孔子追溯历史的起点到此为止，他不像古希腊人那样用神话作为历史开头，而是正相反——“不语怪力乱神”。到了太史公写《史记》时，其眼光超越孔子，将历史的起点追溯到炎黄，以黄帝为首，为炎黄子孙的历史开了个头，形成了帝王世系的历史和王朝史观的叙述方式。

夏在哪里？良渚文化用礼器——玉琮、玉璧、玉钺等所代表的一整套用玉制度为夏提供了中国最早的礼制文明的样式和古代国家起源的原型，而龙山文化则代表了正在发生的技术革命和文化转型，使文化中国向着青铜时代迈进。传说中，禹铸九鼎定九州，就标志着文化转型的完成，将良渚文化的陶鼎转变为二里头文化——夏墟的铜鼎，从此开始了问“鼎”中原。《易传》曰“革物者莫若鼎，故受之以鼎”，“革去故，鼎取新”。

二里头三期出土了青铜鼎，它是青铜时代到来的文化革命的象征，而最早将“鼎革”用于改朝换代的政治革命的，便是《易传》“汤武革命”里的那个“汤”。

就在夏墟不远处，距二里头遗址约六公里，又出土了一座偃师商城，属于商早期的二里岗文化，是“汤”以革命取代夏墟的硕果。有人说，它就是商都西亳，也可以这么说，它的地位，就像周人的东都，东都是克商以后建的。如果《尚书》所言不虚，那么《汤诰》有可能就是汤在偃师商城发布的革命宣言和战争动员令。与偃师商城同时，还有一座更大的郑州商城，相比之下，偃师商城更加军事化，实用性较强，神圣性和庄严感不足，缺少国之重器，尤其是缺了古代国家政权象征的鼎，如何“率民以事神”成为政治中心？

而郑州商城，不仅规模更大、规格更高，而且出土的国之重器多而配套，能充分满足首都对于神圣性和庄严感的要求，这是首都之所以成为首都的一个必要条件。我们假设一下，汤革命成功以后，要举行一次盛大的国家庆典，祭祀他的祖先和“帝”，当时有郑州商城和偃师商城两地可供选择，他会选择哪里？是在作为前线的偃师商城、原来的夏墟附近，还是在殷人发祥地、作为礼制文明中心的郑州商城——亳墟？回答无疑是后者。

为什么说郑州商城是礼制文明的中心呢？以文物论，这里出土了青铜礼器二百余件，尤其是那两只巨型方鼎，大的高达一米，它们成双成对，不言自威，有冲天霸气，不是一般贵族能用的，非王莫属！这样两只鼎，出现在约三千五百年前，别说在中国，就是放到全世界，也是罕见。这是两只见证过汤的开国典礼并且承担过“率民以事神”历史使命的鼎，或许我们能从它们身上听到早已凝固的庆典的欢呼声和“神化革命”的历史回音。这声音，从后来安阳殷墟的“后母戊”大鼎里消失了，尽管“后母戊”鼎看起来更有分量、更为辉煌，更加显示了帝国的气魄和力量，但革命精神却已荡然无存，我们从中再也听不到革命庆典的欢呼声，它早已丢失了杜岭方鼎的灵魂，因为那时一个王朝中国已经形成。

殷墟，形成了一个标准的王朝国家，那是一个与世界文明古国接轨的国家，它的出现，标志着青铜时代的世界体系的完成。这一历史进程，就如同近代以来的工业革命，当其在英国出现以后，就开足了工业革命的世界化马力，两次世界大战以后，美国接力而起，继以工业革命的全球化体系，而当下中国工业革命，又从美国那里传承全球化的工业革命的火炬，预告着工业革命的世界体系就要在中国完成。它使我们又联想起殷墟时期在中国发生的青铜时代的那一次金石革命，那也是先在西亚兴起，在中亚，从黑海到里海之间的南俄罗斯草原，经由雅利安人接力，以国家与革命的方式传递，世界三大文明古国古巴比伦、古埃及、古印度随之解体，文化中国亦随之“西化”，从玉器时代转向青铜时代。这么一转，不仅催生了王朝中国，而且使得随着青铜时代到来的世界体系最后也在中国完成。

从殷墟开始，中国历史便走上了王朝中国之路，且与文化中国互动，治乱循环，双轨同运。儒以道统与政统划分：道统出自文化中国，以孔孟之道为代表，政统出自王朝中国，以周秦之制为代表。又有“阳儒阴法”一说，以为道统反映儒家思想，而政统则基于法家思想，这也就是所谓“霸王道杂之”。还有两家——墨子与杨朱，一个主张兼爱，一个主张为我，不与王朝中国合作，孟子骂他们“无君无父”，但他们却影响了文化中国。

儒家道统只是文化中国的一条线索，还有墨子一线，以侠义精神和会党政治贯穿，成为民本与民间运动的源泉；有杨朱一线，他那“为我”一声吼，便是中国最早的“个人权利”的宣言；有庄禅一线，以回归自然的审美和思辨开拓着中国艺术的空间，这一线，从山海图到桃花源，从东篱到东坡，从山阴道上人与山川相映发到山水诗到山水画……

王朝虽然赫赫，不过历史表象，江山何其默默，实乃历史本体。表象如波易逝，一代王朝，不过命运的一出戏，帝王将相跑龙套，跑完了就要下台去，天命如此，他们不过刍狗而已。改朝换代，但江山不改，家国兴衰，还有文化主宰，文化的江山还在。

“秦时明月汉时关”，秦汉两朝已去，可关山依旧，明月依然。这关山啊，就是文化的江山！命运诗意地栖居于江山，我们知天命以诗。重读中国历史，要把历史放到江山中读，不要放在王朝里读。要用诗性的眼光读，不要用“资治”的眼光读，以诗性之眼，能读取文化的江山，用“资治”的眼光，只能围绕王朝打转，把历史读成阴谋诡计。

“春风又绿江南岸，明月何时照我还”，王安石用了诗性的眼来创作，诗中有“我”，“我”在选择，选择了“还”，他放下王朝，抱住江南——那诗性的江山。陈寅恪“以诗证史”，一部《柳如是别传》，还是在江南——那“独立之精神，自由之思想”的江南。

“臣心一片磁针石，不指南方不肯休”，那“南方”，就是文天祥魂归之、魄寓之、命托之的江南，宋朝不在了，可江南还在，他的乡愁还在。中原与江南，一个是王朝中国的地理根据，一个是文化中国的人文始基，北宋亡时，中原成为南宋的乡愁，南宋亡时，江南成为他的乡愁，那是他为之披肝沥胆、为之刻骨铭心的来自文化中国的乡愁。

我们再来看看盛唐，盛唐气象，并非那些帝王将相，而是唐诗的江山。

试问有唐一代，有多少帝王？翻一下二十五史里的《唐书》就知道了。

他们从字里行间，列队而出，向我们走来，除了李世民、武则天，我们还认识谁？还有一位李隆基。对不起，我们知道他是因为杨贵妃，一首《长恨歌》便盖过了他的本纪。他是王朝的太阳，光芒万丈，可在《长恨歌》里，美是太阳，集中在杨贵妃身上，留一点落日余晖，让他来分享。还有滕王阁的滕王，谁知道他的名字？而一篇《滕王阁序》，都知道是王勃作的，久而久之，滕王消失了，一提起滕王阁，人们就说王勃，这是为什么？放大了说，那就是滕王属于王朝中国，王勃属于文化中国，套用歌德的话来说：王朝总是灰色的，文化中国之树常青。而王勃，就是文化中国之树盛开不败的诗性的花朵。

文化的江山里，没有统治者的位置，要坐文化的江山，帝王也要写诗。

然而，诗性是天命和灵魂的吟唱，诗的灵感，并不特别钟情于帝王。

据说，乾隆皇帝爱写诗，一生写了四万多首，他一个人写的诗的数量快赶上《全唐诗》了，可有哪一首诗能流传至今？大鱼大肉的四万多首诗，还抵不过李白清清淡淡的一首。

月光下，摇篮旁，母亲在吟唱：“床前明月光，疑是地上霜。举头望明月，低头思故乡。”就这样，唱了一千多年，至今还在唱，那一缕缕诗性的光芒，照亮了婴儿的脸庞，温暖了孩子们的心房，文化中国的公民们就这样成长，我们从中看到了希望。

中国是诗性的国度，唐诗的江山虽然灿烂，但再怎么辉煌，也还是不及先秦时代的诸子诗性在天。当诗性，以天命和天道的意味呈现在我们眼前，我们怎么还敢说中国不曾有过哲学的诗篇？老子的《道德经》，难道不是一首最好的形而上学之诗？还有《孙子兵法》，岂非世上最美的兵法？天地人总体战，生与死的美学，当以诗性表达。

当年，王国维作《人间词话》，以诗话体行文，却写了一篇关于唐宋词的论著，我们自问，能否也诗意地栖居于历史，去写一部诗性的文化中国的通史呢？我们这样想了，也这样做了，做的成果，就在我们的《文化的江山》里。历史的精神，追随陈寅恪，其美学形式，则取之于王国维，加上我们的思想与文字，形成本书的风格与宗旨。

历来写史，都以王朝为本位，以帝王为中心，写王朝史，表达王权主义，即以宫廷政治和帝王权谋为主线，写来写去，也都是些改朝换代和开国皇帝的故事，那根线，历史的主线，还捏在王权的手心里，被王朝史观牵引着，进入王朝中国的历史。

然而，还在20世纪初期时，不就有新文化运动，开始“反封建”了吗？反了近一个世纪，为什么还反不出王朝史观呢？中国的思想者们，究竟在哪里失足了呢？

如今反思，这才发现，“反封建”在反到“人民”与“革命”这两个最为神圣的观念时，就停下了，连鲁迅面对黄包车夫尚且要“榨出皮袍下面藏着的‘小’来”，他对“国民性”的批判，也就停留在

“文化人民性”的重建上，未有“文化个体性”的自觉。

马克思说过，他是在批判旧世界中发现新世界。他在批判中，发现了什么呢？他发现了“人”，发现了近代意义的自由平等的“社会性的人”，他的“剩余价值论”，就是强调社会人的价值，不光是社会人的经济学价值，更是社会人的政治哲学价值。

反封建，还要反王权；要对封建主义做社会形态的批判，以确立人的社会性；还要对王权主义做文化性质的批判，以确立人的文化个体性。这是基于人性三段论。

我们认为，人性的发展，经历了三个阶段：第一阶段是人对于自然的自觉，而有类意识，我们称之为“人类性”阶段；第二阶段是人对于他人的自觉，而有群意识，我们称之为“社会性”阶段；第三阶段是人对于自我的自觉，而有自我意识，我们称之为“个体性”阶段。个体性之道德一维，我们称之为“个体人格”；个体性之政治一维，我们称之为“个人权利”；对于“个体性”的文化认同，亦即文化一维，我们称之为“文化个体性”。

从“文化个体性”出发，我们走向文化中国，重读中国历史，就是以自我意识对历史做选择。历史上有两个中国，王朝中国和文化中国，我们选择了文化中国。

文化中国，不一定非要呈现某种既定的国家形态，在与王朝中国互动中，它以文化的江山表现出来，即便在当下民族国家的世界之林里，它依然漂洋过海，以全球化的天下观的方式存在，就像《山海经》世界那样。文化的江山，开启了“海外经”时代。

第1章

“中国”名与实

01

青春“中国”

对于熟悉的语词，思想往往偷懒，比如青春。

青春是什么？是春天里的青色，像青花瓷那样。

春天在哪里？在东方。古人云：“春位东方，其色青。”

时间“春”，空间“东方”，在美——“青”的引领下统一。

青春，是受谢，冬谢去，而青春受之也。一谢一受，如友人揖别。

就这样，时间，被伦理化了。冬位西方，青春，也是东方受谢于西方。

春色青，冬色白，以“青春”对“白日”，乃唐人之诗意。

三月，叫作青春受谢，或青春告谢，可人的心情往往提前。

韦庄《丙辰年鄜州遇寒食城外醉吟五首（其一）》诗云：“满街杨柳绿丝烟，画出清明二月天。”

青春，从“雨雪霏霏”的冬天，受谢了“杨柳依依”，青春如斯，美矣！

时令，从青春开始，阳和之气远出，万物熙熙而启蒙之。

晋张载《安石榴赋》曰：“仰青春以启萌，晞朱夏以发采。”

万物生长，都靠青春“启萌”，以青春作为生之引物。

古汉语中，“萌”指代草木发芽，“蒙”指代幼童无知，故“启萌”，亦与“启蒙”义近。

启蒙之物，蠢蠢而动，何谓“蠢”呢？《礼记·乡饮酒义》曰：“东方者春，春之为言蠢也。产万物者圣也。”“蠢”，非愚也，乃春之声也，即启蒙的青春之歌。

蠢动，就是生的启蒙，青春启蒙而生机动，蠢与圣相通。

圣人耳特大，能闻春之声，春下之“虫”，乃微生物，其吟天籁，被青春启蒙。

曹植《迷迭香赋》曰：“播西都之丽草兮，应青春而发晖。”

从青春启蒙到“发晖”青春，万物洋溢青春气息，不仅“石涧泠泠流碧水，桃花片片泛青春”，还有“青春鹦鹉，杨柳楼台”，花鸟如此，人呢？

杜甫诗云：“青春犹无私，白日亦偏照。”青春启蒙万物以无私，白日照耀人世亦无私，因此，被青春启蒙的人，“发晖”青春，也要无私。

白居易诗云：“朝廷有道青春好，门馆无私白日闲。”

“有道”，就是生，青春使物生生，人来“发晖”，而有民生。

以“有道”对“无私”，“青春好”对“白日闲”，如此雍容，而具大美焉。

白日时间化了，青春人生化了，以朴素之美寓焉。

青春至焉，时雨降焉，始于耕田，终于饭碗，此为民生。

“青春终日雨”，年成是自然的诗，更是民生的诗，诗人“最怜滋垄麦”。

为了心中那个好年成，他不恨苦雨绵绵打湿了林中莺，打断了莺的歌声。

为了民生，诗人放下了个体性的生命情调，而期待“父老应相贺，丰年兆已成”。

青春之于民生，是如此简朴，而对于个人化的人生，却很丰富。

花与美人，都是青春标志；一是自然美的标志，一是自由美的标志。

唐朝诗人胡幽贞在《题西施浣纱石》中叹曰：“至今溪边花，不敢娇青春。”

这是自然美向自由美的叹服，是自然性的花之美，向自由化的人性美的叹服。

唐人诗意里，多有这般自由美的显示，不仅有美女，还有美少年。

“青春都尉最风流，二十功成便拜侯。”连对功名的追求，都这般青春风流。

极尽富贵后，那少年却日暮吹箫，似有几许悲凉在心头……

那滋味儿，是一份对于青春的担忧，在宋词里发展起来了。宋人病了，是青春病，医方里有“青春丸”一味，用“川芎各一两五钱”制成，那丸儿，专“治少年梦高坠下、水溺、行似踏空”。因此，宋词里，多下“青春丸”，兼治那“人比黄花瘦”。

可青春留不住，“楼外垂杨千万缕，欲系青春，少住春还去”。

宋人少自信，怕青春溜走，不得已，又去喝酒，来与春天对饮，“把酒送春春不语，黄昏却下潇潇雨”，“玉洞青春已半阑，肌骨非因惆怅瘦，惜花那忍摘花餐”。

青春如此，如水逝，似风流，还唱什么“大江东去”的高调？怀一怀古人青春焕发，叹一叹自己“早生华发”，再看一看江中月，喝一点杯中酒，也就罢了。还有那“红酥手，黄縢酒”，那就更有一番悲情未了。

从天地人的格局里，看透了青春的本质，而得了自由化的乐趣，则有孔子。

某日，孔子与门人相聚，正谈着，孔子说：“同学们，各言其志吧。”

子路年长，率先发言，说道：“我的志向是治理兵车千乘之国。”

孔子听了，莞尔一笑，不言语。冉有见此，就低调了一些，说道：“我只想治理个六七十里地的小国，让我国的人民吃饱肚子。”

孔子依然笑笑，不言语。于是，公西华就更低调了，说：“我谈不上什么治国，只想穿上礼服，替诸侯司仪，招待宾客。”

一个比一个谦虚，可孔子还是不言语，弟子们你看我，我看你。

那时，曾皙正在弹琴，孔子就对他说：“点，你来说说看。”

曾皙便起身回答：“我没有他们那么大的志气。”孔子鼓励他，他就说下去：“我愿在春天三月里，穿上便衣，同几位朋友，带几个孩子，到沂水河去洗洗澡，在求雨台上乘乘风，唱唱歌就回家去。”

这样的回答，用现在的话来说，就是休闲第一了，特没志气。

可谁也没想到，孔子竟然大加赞扬：“点，我和你一样！”

老师这么一说，学生都糊涂了，他们心想，老师平时要我们关心政治，立志，当然要政治第一，可在春风里洗洗澡，唱唱歌，这算是哪门子政治呢？

从《论语》来看，孔子与门人谈的这个话题，在这里就打住了。门人没请问，孔子也没解释。于是，留下一问：“何也？奔车之上，不惜一命，那才是仲尼呀！哪能以此打发一生？”可他既然这样说了，就必然含有更深的意思，最好，还是用青春来解释。

曾皙说的春天三月，正是青春受谢时，曾皙被青春感化，快乐起来。青春以生来启蒙万物，孔子用美来启蒙人生；青春予万物以自然美，孔子予人生以自由美。

曾皙在春天来临时唱歌，就是对自然美的体贴，对自由美的觉悟。

此番新觉悟，超越了孔子食与兵的原教旨，所以，连子路都不知。

其意味，来自春天三月的启示，如青春启蒙万物一样，孔子用青春来启蒙政治。孔子原来教导弟子，政治要以“足食”“足兵”为第一，门人各诉其志，也遵循了孔子这一教旨。可他却突然转向了一种带有美学风格的政治，使政治有了青春气息。

青春是天道，当其人化时，便使人生和政治都有了青春期。

青春期的人生，是自由化的人生，应该去春水里游泳，在春风中唱歌。

青春期的政治，是自由化的民生，要让人民在仁之河里畅泳，在义之风中欢歌。子产说过：“天道远，人道迩。”而孔子却告诉我们，青春已经来了，天道还会远吗？

孔子遥望天道，向我们展示了形而上之自由美的境界。那境界，后来，被康德一语道出，就是“头顶的星空和心中的道德律”，是自然规律与道德律的统一。孔子欲以此境界，提示理想，引导政治，可他，还有他那一代代的门人弟子，从未能找到制度的孵化器，所以，境界虽然很高，却没能转化为历史的实体，没能成为国家的建制。

不过，话说回来，如果事情都让古人做完了，还要我等做甚？

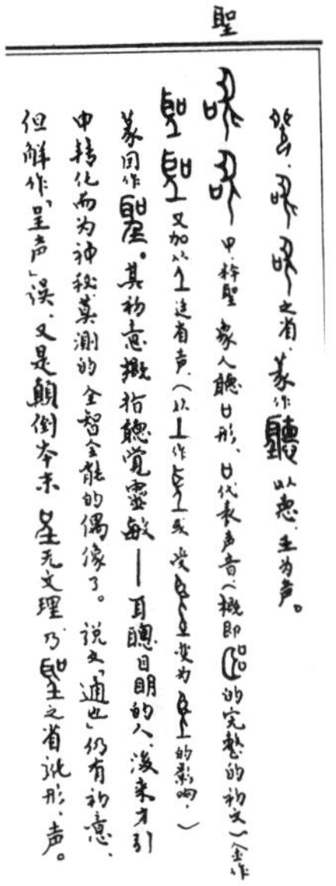

甲骨文中的“圣”字，康殷《文字源流浅说》，第 77 页（荣宝斋出版，1979 年）

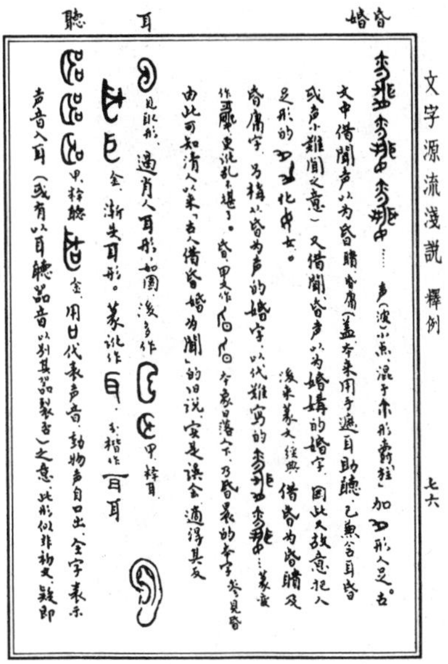

甲骨文中的“听”字，康殷《文字源流浅说》，第 76 页（荣宝斋出版，1979 年）

金文　　小篆　　楷体

“圣”字的不同写法及其演变

“圣”字初意

甲骨文就有“圣”字了，是一人擎着一个大耳朵，倾听一张嘴在说话。从人从口，强调耳朵的功能。口能言咏，耳能感知者为声，耳能辨声者为听，听觉灵敏者为圣。听、圣、声初始可以通用，那时，所造字还不多，字义分化还不明显。看来，字的引申义是随人类的等级分化而分化的。

《孔子行教图》拓片，（唐）吴道子绘，山东曲阜孔庙圣迹殿藏

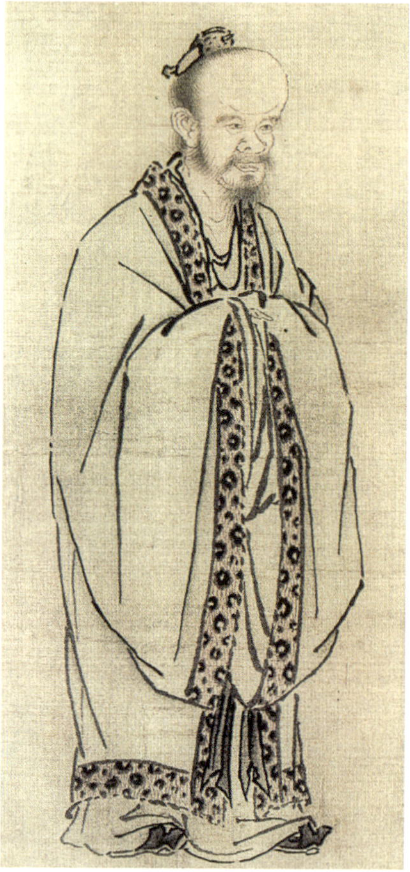

孔丘像，（南宋）马远绘，故宫博物院藏

孔子画像很多，唐朝画圣吴道子绘孔子行教像，圩顶、隆鼻、海月骈齿，双目凝重，儒服古雅，被历代视为万世师表素王孔子标准像，后世摹本极多。

但宋代马远绘的孔子肖像，最为贴近那个“青春恒在”的老智者。

孔子像，（元）赵孟頫绘，
台北故宫博物院藏

孔子司寇像，明人绘制，曲阜衍圣公府珍藏

赵孟頫为赵宋后裔，入元朝，官至一品，被人诟病。他画的这幅孔子像，淡定豁然，有达者神韵，是否像他的书画一样，也要大打折扣？

明人绘制的孔子司寇像，画像上方有明神宗题宋高宗御制赞诗，谓：大哉宣圣，斯文在兹。帝王之式，古今之师……可有几分法治之意？但龇牙瞋目中看得出明太祖的酷烈风格，酷似诛少正卯的孔子。

孔子司寇冠服像，美国芝加哥大学藏

《孔子行教图》拓片，清人摹本，山东曲阜孔庙启圣殿藏

另有孔子司寇冠服像，其神悲悯，悲悯是伦理精神，也是法的精神。《孔子行教图》拓片，出自清人摹本，可谓孔子集大成者，一副“德侔天地，道冠古今，删述六经，垂宪万世”的样子，已然教主风采。

基督风格的孔子像，德国汉诺威莱布尼茨档案馆藏

孔子铜像，东京附近汤岛圣堂藏（汤岛圣堂是江户幕府御用大儒林罗山私塾）

孔子的模样漂洋过海，表情也入乡随俗。这幅学者模样的孔子画像，具有基督教的风格，是传教士眼里的孔子，代表了17—18世纪欧洲人对中国的积极印象。

右侧这尊孔子铜像，骈齿冠服，还真有中国风，据说是明朝末年朱舜水带到日本的，留住了中国文化的根。

孔子木雕像，日本足利市足利学校圣庙藏

谦谦君子的孔子像，新加坡人吴承砚与单淑子合绘

左上这尊愁喜交织、表情特别的孔子木雕像，带有日本人的浮世感。

孔子像在新加坡、韩国及中国香港地区的表情比较一致，似谦谦君子。右上是现代人设计的一枚邮票，有一种视觉形式的美。

孔子的笑容，依然化不开礼之肃穆，礼教化的彩墨，习惯性的笔触，难以捕捉春兮舞兮歌兮的孔子及其弟子们的自由化的内在心灵。

孔丘的表情

后人看万世师表的孔子，千人千面，两千年多来，被人揣摩，留下很多画像。

从这些画像里，你无论如何也看不出李零先生所说的“丧家狗”的模样。这样提示一下，不是说他错了，而是说古人还没有他这样的眼光。

孔子生活在中国历史上的春秋末期，是鲁国人。如今山东曲阜，还有孔庙、孔林。日本人说，天皇万世一系，论历史，算起来也就一千来年而已，其间惶惶如丧家犬者，不知凡几。而孔子之裔，从汉朝到清朝，两千多年来，安享尊荣，不绝如缕，改朝换代，不改素王一脉，所谓万世一系，其实亦不过如此。再看看轴心期东西方巨子，古希腊苏格拉底，活在西方哲学里；古印

今人眼中的孔子和弟子

度释迦牟尼，随佛教流传后世；唯有孔子，占据了中国的王权主义，统率政治。

但被政治化的孔子，已非孔子的本来面目了。

圣人归圣人，孔子归孔子，何不放下“万世师表”，于青春三月，思接千载去与孔子约会，体会一番孔子当年的心情，瞻仰一下他的文化个体性呢？

泗水流淌的是圣人符号

青青河上草，蓝蓝水中天。

泗水，就这样流到我们眼前。

泗水，从山东蒙山南麓，流经徐淮大地。

它是淮河下游第一大支流，流量占淮河流域三分之一。

子在川上曰：“逝者如斯夫！不舍昼夜。”就是指泗水。

泗水源头，泉多如林，又名泉林。泗水之滨，是儒学发祥地，孔子曾在泉林设坛讲学，学如泉涌，汩汩而流，入泗水而遍及淮河流域。

当年，吴王夫差于济水岸，大会诸侯，就是由长江经过邗沟，进入淮河，再由淮河入泗水而北上的，那时孔子还在，也许他真见到此情此景。

子贡还是一位纵横家，他一出手，便存鲁、破齐、灭吴，走的大概也是这条水路。它不仅流淌了帝王学，还兴起了帝王业，后来刘邦、项羽，也都崛起于淮、泗之间。

曲阜杏坛遗址

南宋木刻版画《杏坛野趣》

杏坛：各言尔志

孔子聚徒讲学，似乎多在树下，就像苏格拉底在广场。

杏坛之乐，见于《庄子·渔父》，言孔子春游踏青，与弟子们休，坐在杏坛之上。

现今山东曲阜的杏坛，为明代修建，于青石基上，筑一凉亭，雕梁画栋，飞檐二重，金瓦灿烂，亭四周立十二根楠木红柱，盘龙飞舞，亭内立“杏坛”碑，不见问学求知的智者风采，却见一派皇家帝王的气派。

孔子弦歌，云南省建水县文庙藏，浮雕上部的石碑文为宋高宗御制《孔子赞》

不知来此一游者，于此豪华繁复之威严中，是否还能依稀感受到那久远的春天里，那位青年人独有的“各言尔志”的酣畅与自由，以及和一位老者弦歌的野趣。宋人似乎还记得求知与权力以及财富无关的乐趣。

02

“中国”的来历

——古史探源

寻常称谓，往往有深意，我们太熟悉了，反而忽视。

例如“中国”，谁人不知？可猛然一问，就发现自己无知。

还是请教专家吧。于省吾老先生，早就写了《释中国》一文，他告诉我们，“中国”一词，至迟西周初年就已出现，他提到了一件物证，就是1963年陕西宝鸡贾村出土的那件“何尊”。“尊”为酒器，“何尊”用青铜制成，铸有铭文12行122个字，有三字残毁。铭文记载了成王五年（公元前1038年）在成周（今河南洛阳）建都一事，是成王对宗族小子“何”的训诰。其中提到，武王克商以后，曾告于上天：“余其宅兹中或（国），自之乂民。”

用现在的话来说，就是：“我已经据有中国，统治这些百姓了。”

“或”，指地域，用城墙围起来——“口”，就成了“國”。所以，《说文解字》就说，“國”字，“从口，从或”，意思和“邦”字一样。后来，南唐徐锴《说文解字系传》也说“口”是疆界，“或”为域，清人段玉裁作《说文解字注》说：“古或國同用。”

这样，于省吾就从周人的金文之中，找到“中国”的来历了。

同时，于省吾还指出，在《尚书》里有一篇《梓材》，也提到了先王和“中国民”的关系，说皇天已将“中国民”和疆土都托付给先王——武王了。

按照王国维提出的“两重证据法”的标准，“何尊”与《尚书》俱在，便是最有力的器物认证和文献证明。它们都证明了在周武王时已经有了“中国”名称。

胡厚宣先生在《论殷代五方观念及中国称谓之起源》一文中，则以殷墟出土的甲骨文为据，考释出商自称“中商国”，因而断言，商朝为“中国称谓的起源”。

商朝有中心意识，但其“中国”观念的形成，要在殷都以后。因为“中国”原型，与都城有关，商早期老是迁都，故其中心意识很难上升为“中国”观念。殷都以后，商朝不再迁徙，都城乃定，作为政治中心的“中国”观念，亦随之而形成。西周初年，行分封、授民授疆土，要有一个中央国的存在为前提，而王权所在地，通常就是这样的中央国——“中国”。《诗经》云“惠此中国，以绥四方”。《毛传》曰：“中国，京师也。”

周以封建制，使天下“中国”化，将“中国”逐步做大。成周之世，“中国”地狭，被蛮戎夷狄包围。那时，吴、越、闽、楚为蛮，秦为戎，齐、鲁虽为封建之地，但周边都是夷，用夷礼。到了东周时期，吴、越、楚、秦、燕等国，都“中国”化了，加上西周封建的鲁、齐、晋、宋、蔡、陈、卫诸国，一个封建制的“中国”化的天下观版图，就已初具规模。

近人柳诒徵指出，“中国”之名，始见于《禹贡》，为后世沿用。

《禹贡》，也是《尚书》里的一篇，但成于何时，则说法不一。可柳诒徵确信《禹贡》篇成于“茫茫禹迹，画为九州”之时，他认为《禹贡》地理观反映了文化中国的观念。此一说法，规模宏大，就大体而言，当然也说得过去，可当今学者却以为可疑。因为，文化认同也要拿出证据，这已成为学人共识。所以，当青铜器“何尊”出土时，“中国”之名，就从“茫茫禹迹”后退到了周武王时，最多，也就追溯到殷都，再往前就没有了证据。

而《禹贡》里的“九州岛”“五服”天下观，似乎也应该退到周初封建时才比较合理。

《禹贡》带有空想政治色彩，是周初新王权对华夏的规划。以流域规划国土，分为“九州”：冀州、兖州、青州、徐州、扬州、荆州、豫州、梁州、雍州。以封建确立“五服”：甸服、侯服、绥服、要服、荒服，以文化差异建构“中国”化的地缘政治蓝图。

《禹贡》以“九州”划定华夏，以“五服”经营天下。“五服”是个以“帝都”为“中国”——“帝王所都为中，故曰中国”，以“中国”为中心，以“服”为文明尺度——每五百里为一“服”，向四方发展，这样一看，《禹贡》的地盘有多大呢？向东到了海边，往西靠近沙漠，从南到北都贯通了，这样一个规模，大概就是西周初期的天下了。

这篇文献，虽然不到1200个字，但很重要。文明初期，先民就有如此宏伟的国土意识和制度观念，实在令人惊叹。《周礼》将“五服”发展为“九服”，虽然复杂了一些，但大的格局未变，后来，历朝历代，基本上都按照这一设想，对“中国”进行“封疆建设”。

周礼，是一种制度性文化，是以宗法为内核、分封为外壳的封建制政治文化，而《禹贡》里的天下，就是这种封建制文化在地理空间上的表达。当封建制用“五服”来表达时，“绥服”是关键。甸服、侯服都是“中国”化了的，而绥服是华夷之辨的前线，所以说，绥者，使之绥安边境而守卫中国也。绥服五百里，分为两部分，其内三百里，因为接近侯服，而行文教，使之“中国”化；其外二百里，则近于要服、荒服，故行武卫，奋武以卫天子也。

周初分封，要求鲁、卫两国，用周法而行文教，而齐、晋两国，因为迫近夷、狄，所以要用戎法，奋武卫以攘夷、狄。“五服”之中，除绥服以外，都是夷、狄之地，因其偏远地僻，文教未施，风化难及，故以武力征伐之。

绥服以外，尚有要服、荒服，虽在文化的边疆以外，但还属于“中国”化的地缘政治的边缘地带，还得维系起来，厉行羁縻。

孔子说“吾从周”，他周游列国，就走了一条“吾从周”的路线。

首先，他去投奔的国家，都是早已“中国”化了的宗周懿亲之国，如鲁、卫、齐、晋、宋、蔡、陈诸国，而非秦、楚、吴、越等蛮戎之邦；其次，在周初分封的各国中，他待的时间最长的是“用周法”而衰的鲁、卫两国，而非“用戎法”而强的齐国和晋国。

不过，他对齐国和晋国的霸业，还是给予了相当程度的尊敬，他曾这样说过：“微管仲，吾其被发左衽矣。”管仲是他前辈，助齐桓公尊王攘夷，成就霸业，一度成为他的榜样。所以，他说，如果没有管仲，我大概就要光着一只膀子穿衣，披头散发做人了。这样做人，当然不是做中国人，而是做夷、狄之人了。这便是孔子对管仲“奋武卫”的赞扬。在孔子看来，当时最大的问题，是做什么人。为此，他建立了一套关于人的观念体系，其中有等级和名分，有仁义和亲情，但不管有什么，先要解决的问题，是做什么人，是做中国人，还是做夷、狄之人？这就是华夷之辨，是根本，如果连中国人都做不成了，还谈什么礼仁！

齐国很重要，孔子生平第一次政治活动就在齐国。本来，齐景公要重用他，可他却有一套改革齐国政治的想法。当时，齐、鲁两国毗邻，若按照“五服”来分，都属于绥服，鲁行周法“揆文教”，齐行戎法“奋武卫”，孔子想把两者结合起来，结果，齐国政要晏婴等人嫌文教烦琐，与齐的立国精神不符而拒绝了。后来，孔子周游列国时，还想到晋国去试一下，可他北上，刚到黄河边，就听到了不幸的消息，赵简子在晋国执政，杀了他仰慕的两位贤人，他就停下脚步，不想去了。他认为，这两个国家都不行了，就要乱了。

于是，他的眼光，转向西边的秦国。春秋时期，秦虽是西戎小国，可自从占了周地以后，移风易俗，早已“中国”化了，而且继齐、晋以后，奋武卫，行霸道，尊王攘夷，也成就了一番霸业。因此，当齐景公问他，秦国为何能称霸时，孔子回答说，秦虽小国，可志向远大，秦虽地僻，但立国中正。这样来回答，就是已经承认秦国为“中国”了。

后来，齐、晋两国果然就乱了，田氏代齐，三家分晋，周初封建的其余各国，在兼并战争中也纷纷倒下，“中国”的封建制格局全然改观，中央之国已不复存在，可“中国”的领域却日益扩大，原先是蛮、戎的楚、秦两国，在血与火的洗礼中，全盘“中国”化了。

中国大了，封建制垮了，中国的统一性来自文化，文化中国在发展。

于此，我们可以看出孔子的伟大。他建立了一个从尧、舜到周公的道统。在封建制礼崩乐坏时，他时常梦见周公。这一道统，源于文化中国一脉，孔子以此，使中国文化与神话划清了界限，没有趋于宗教信仰，而是走向历史意识。孔子去世以后，留下一部《春秋》，为中国立史。钱穆说，中国人以历史为宗教，有道理。如果修正一下，说儒者以历史为宗教，那就更为合适。儒者的思想，经常是以“历史的经验教训告诉我们”来开头的，以历史为根据，而非以公理为前提，便是儒者的思维方式，也是中国史官文化的标志。

《春秋》立史，国之道统始有载体，王朝政统亦有史官文化可倚。

历史，是文化中国的围城——“口”，修史，如修长城，古今一以贯之。

孔子的历史观，就像文化中国的烽火台一样，监护着历史。如果说禹是国土化中国的开辟者，那么周公就是“制度化中国”的开创者，而孔子则是“文化中国”的继承者和守卫者。

只要文化中国还在，国土丢了，可以恢复，制度垮了，可以重建。并非所有战争都会带来统一，可只要文化中国在，无论怎样的乱世之战都会趋于统一；并非所有异族入侵都能被驱逐，可只要文化中国还在，异族统治者早晚要被同化，国权终将被收复。直到明亡以后，顾炎武还在说“亡国可以”，“亡天下”不行，天下是什么？就是文化中国。

周公的封建制中国，还是一种国家主义战略，以中国为中心，经营天下，虽然辅之以制度性的文化——周礼，但它基本上还是以王权为中心的王朝政治文化。而孔子却在逐渐僵化的制度性文化——周礼中，注入了一种新的思想——中道思想，一种新的精神——仁爱精神。以中道立国，是为中国；仁者爱人，使中国超越王朝，而具有了普遍的理想性——使天下为一家，中国为一人。正如耶稣用爱改造了基督教，孔子以仁确立了中国精神。

何尊，高 38.5 厘米，口径 28.9 厘米，重 14.6 千克，宝鸡青铜器博物院藏

何尊铭文及其拓片

何尊上的“宅兹中国”铭文

“中国”初现“何尊”

何尊，是西周初期的青铜酒器，不算大。

但它对于当时人来说，为器虽小，为礼实大。

器形为“尊”，装饰繁复，蕉叶纹、蛇纹、雷纹、饕餮纹等，布于器之通体，层累叠加，反复强调其高贵和权威的气质，宣示王命。

不难看出器主制器的神圣用意和艺匠的心领神会，庄严、神秘、训诫、威仪天下的诸多内涵与火热的青铜液体，于注入母范之瞬间，浇铸了历史。

器内底有铭文 12 行 122 个字，残毁三字，却依旧令人惊喜。

成王五年四月，成王在一次祭典上，对宗族小子“何”训道：

尔父曾追随文王，文王受命伐商，武王灭商，告祭于天。

作为武王之子，我决定在洛阳营建东都，以此作为中国。

那个名叫“何”的宗族小子，为纪念成王训话，拿出天子赐给的青铜，铸尊铭记。

其中“宅兹中国”之铭文，是“中国”二字最早的记载。成王以为他已经住在天下的中央了，天下之中央，就是“中国”一词最早的意义。

1963 年，何尊在陕西省宝鸡市东北郊的贾村现身。

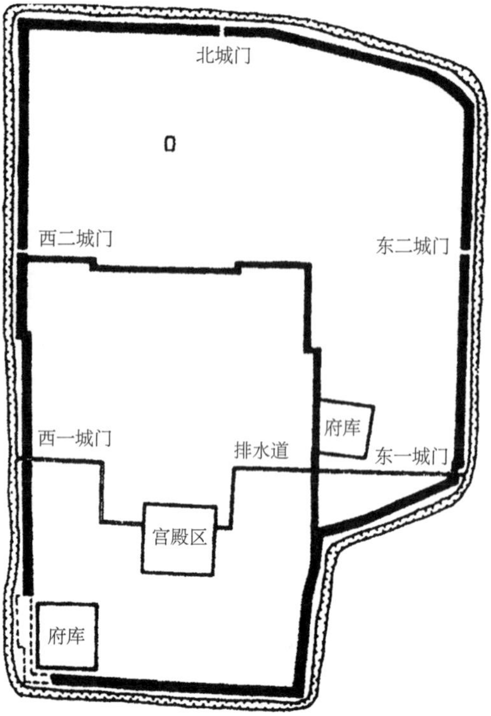

亳都——偃师商城遗址图示

商朝势力范围及其影响力

商朝直接统治区，主要在中原一带的黄河流域，很有点“中国”的格局，只是殷人尚未自觉，没把自己当“中国人”。不过，从商朝势力范围与核心区，可以观看“中国”这一族群的生成轨迹。商朝势力控制区，基本上就在黄河、长江两河流域，向东北伸向辽宁，西南延伸至四川成都。而其文化影响力，已扩展到东南沿海地区与河西走廊一带。

偃师商城的体系

从这张偃师商城遗址分布图上，我们可以看到，商早期就形成了一套王城体系。在夏墟不远处，距二里头遗址仅六千米，出土了一座偃师商城，

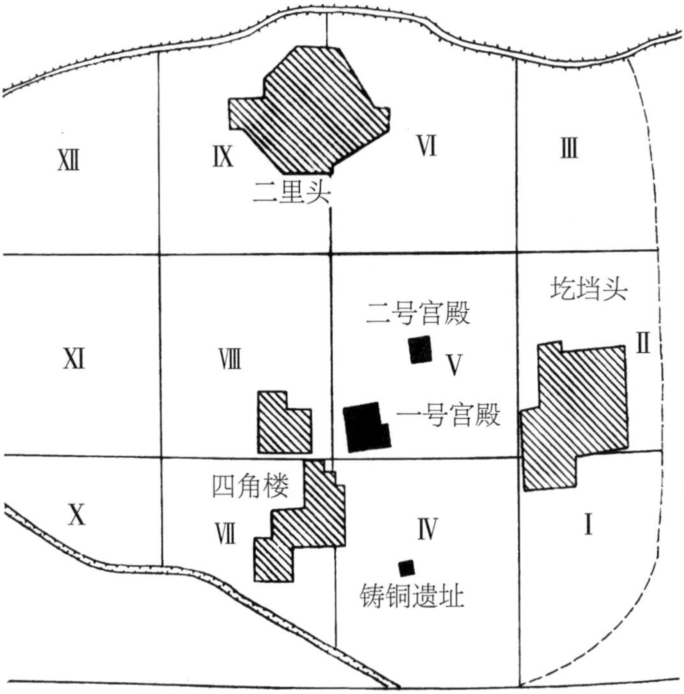

偃师二里头遗址图示

属于商早期的二里岗文化，是“汤”以革命取代夏墟的硕果。有人说，它就是商都西亳，也可以这么说，它的地位，就像周人的东都洛阳，是商早期形成的一套王城体系。王城里，城城相套，大城里有小城，小城里有宫城，一切以王权为中心。但对于中国和天下这类文化性政治空间来说，它还缺乏制度化设计。

如果《尚书》所言不虚，那么《汤诰》有可能就是汤在偃师商城发布的革命宣言和战争动员令。

与偃师商城同时，还有一座更大的郑州商城，相比之下，偃师商城更加军事化，实用性较强，神圣性和庄严感不足，缺少国之重器，尤其是缺了古代国家政权象征的鼎，如何“率民以事神”成为政治中心？那个“率民以事神”的政治中心，应该是郑州商城。

青铜器的生产过程

① 外模　② 中心部分　③ 底部　④ 组装后的模　⑤ 青铜器皿

西周中国疆界

商族的势力范围要比西周大得多。这多半是得益于商朝的青铜力量。不过，商朝地盘虽大，但殷人却不如周人会打理。周人的势力范围，尽管有点儿缩水，却很坚实。周王朝控制区，东北到辽宁，西至宁夏、甘肃以东，东到大海，南边则以长江为界。

西周周昭王，想扩展成、康之家业，开拓西周疆土，亲率大军南征荆楚，大获财宝，铸器铭功。三年后，又统率六师攻楚掠铜，全军覆没，死于汉水之滨，从此西周势力，向南未能越过江、汉一带。

青铜器如何制造

生产青铜器，首先用黏土铸模，制作与实物大小一样的内模和外模，然后在模具上刻绘各种纹饰。为确保青铜汁不外泄，在许多铸模部件的边缘，还要制成三角形的榫和兜，使内模与外模完好吻合。然后将青铜汁注入内外模的缝隙内，金属冷却后，再将精心制作的模具打破，取出器皿，仔细打磨，青铜器铸造便完成了。

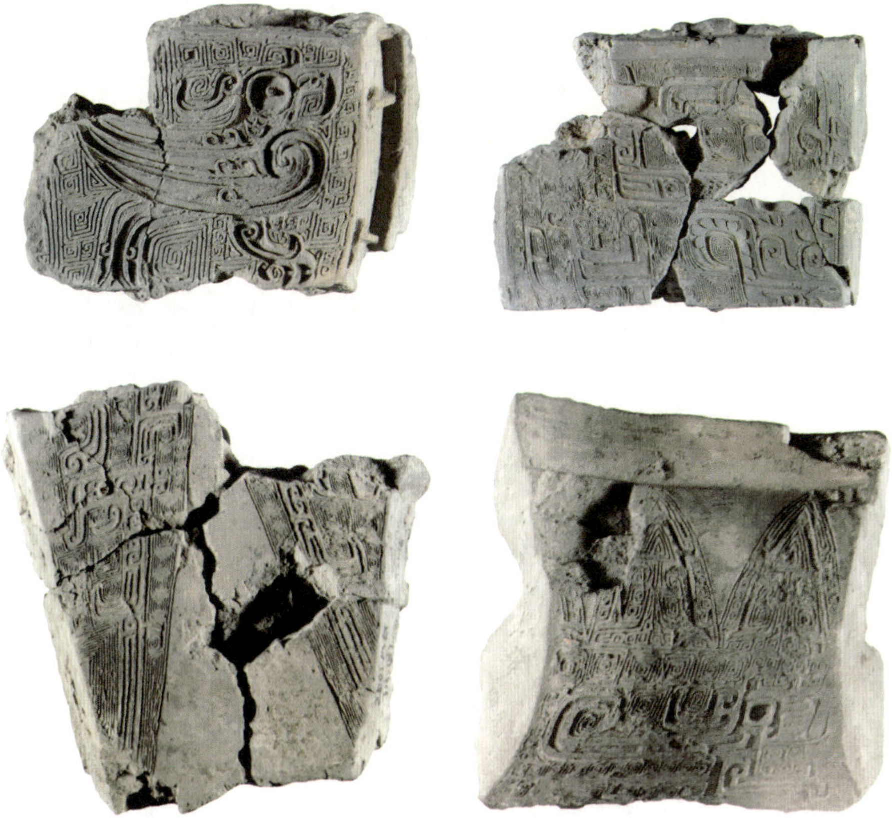

陶范，河南安阳殷墟出土

从殷墟出土的四块陶范，可以看出当时的制作工艺之精美娴熟。凤鸟卣腹部范，左侧有明显的衔接扉棱，铜罍上腹部范，面料与背料都呈现为泥质，铜罍颈部范，衔接口处有红色泥浆，有两个榫眼，还有一个“X”符号，另一件铜罍腹部范上，也发现了榫眼。陶范为青铜制作流程提供了稀罕的实证依据。

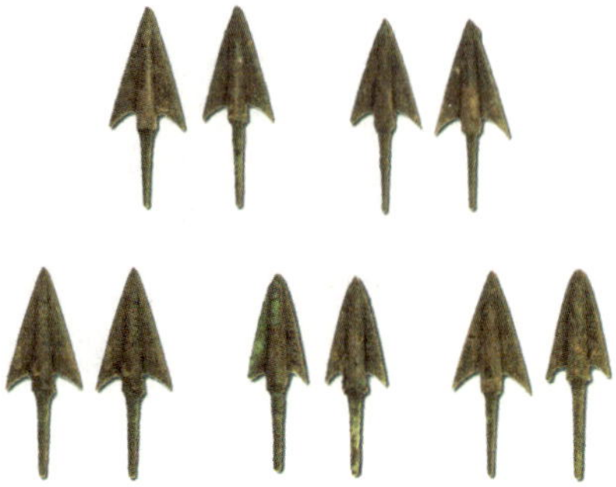

青铜镞，河南安阳殷墟前期妇好墓出土

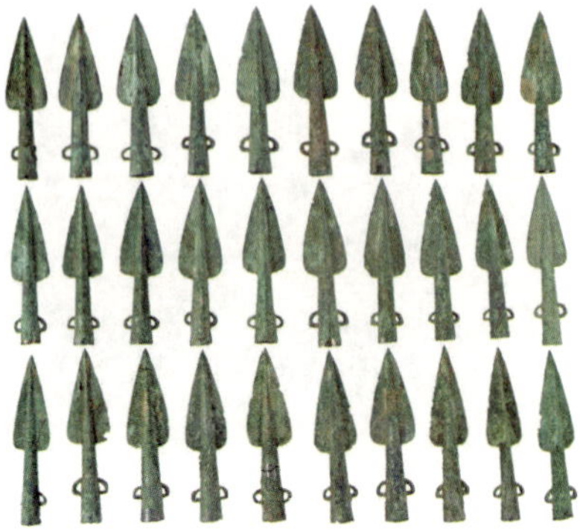

青铜矛，河南安阳殷墟前期妇好墓出土

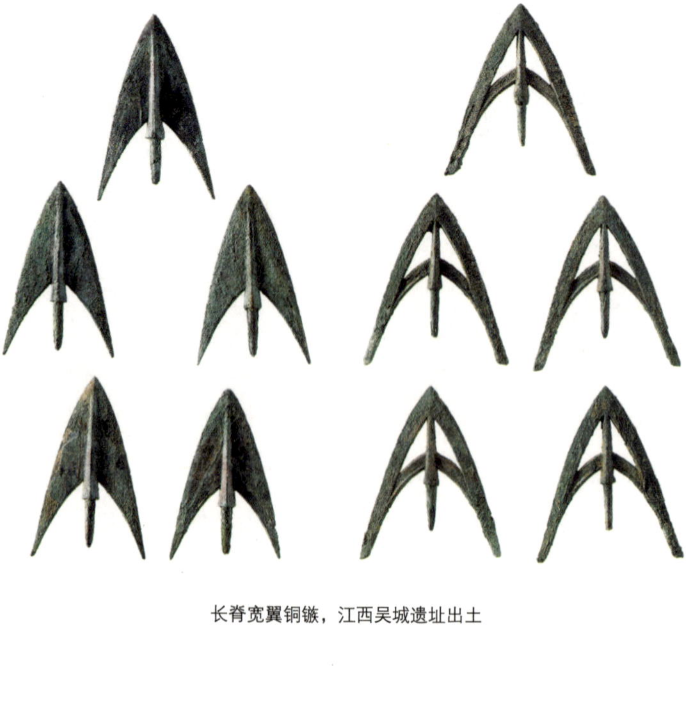

长脊宽翼铜镞，江西吴城遗址出土

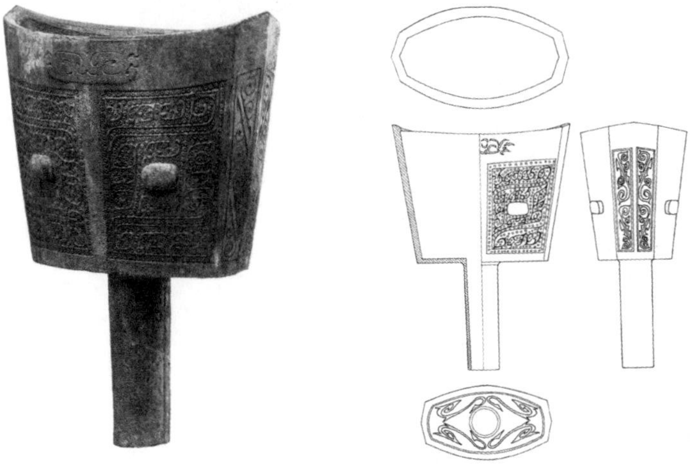

六边形腔兽面纹铜编铙，通高 41.5 厘米，甬长 17.5 厘米，舞纵 13.4 厘米，舞横 22.2 厘米，江西新干大洋洲出土

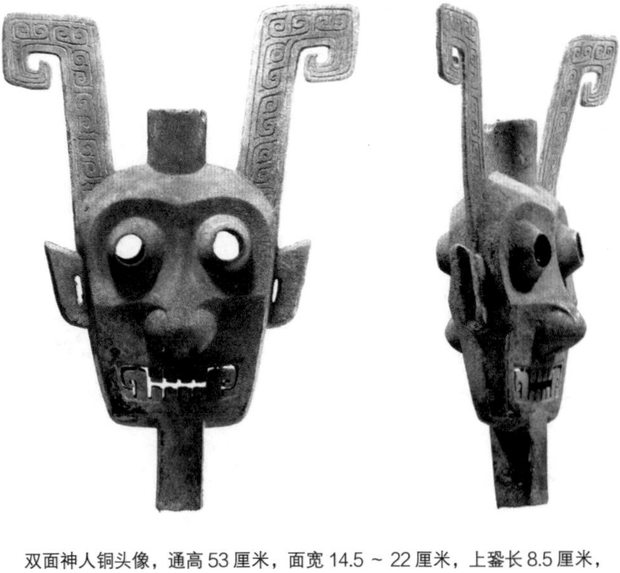

双面神人铜头像，通高 53 厘米，面宽 14.5 ~ 22 厘米，上銎长 8.5 厘米，下管长 5.5 厘米，江西新干大洋洲出土

龙纹锄形青铜器，长 12.6 厘米，宽 6.8 厘米，河南安阳西北冈 1005 号墓出土

U 形铜锸，长 11.5 厘米，肩宽 14.8 厘米，刃宽 11 厘米，江西新干大洋洲出土

溜肩铜铲（正反面），通长 17.8 厘米，刃宽 13.4 厘米，銎部长 5.5 厘米，
銎径 2.3 ~ 4.7 厘米，江西新干大洋洲出土

兽面纹提梁方腹铜卣，通高 28 厘米，口径 7.3 厘米，腹宽 11.1 厘米，江西新干大洋洲出土

四足铜甗，通高 105.0 厘米，甑口径 61.2 厘米，鬲口径 39.5 厘米，江西新干大洋洲出土

铜犁铧，长 9.7 厘米，肩宽 12.7 厘米，銎高 1.6 厘米，江西新干大洋洲出土

青铜器干什么用

商周时，青铜器代表当时最先进的技术和工艺，拥有青铜器是大国的标志。“国之大事，在祀与戎”，“祀”是祭祀，“戎”是战争，也就是说，青铜器是做祭祀之礼器和战争之兵器用的。待工艺越来越成熟，铜矿开采量增多，青铜器才开始用于日常生产与生活之中。

如尖矛、箭镞显然是武器，特别值得一提的是“长脊宽翼铜镞”，它们出土于江西吴城文化遗址，同时代其他遗址未曾发现，应该是吴城本土发明的先进武器，造型简洁轻便，边翼锋刃，杀伤力强大。五件一组的兽面纹铜编铙，显然是妇好祭祀时所用，还有新干大洋洲那件精致的六边形腔兽面纹铜编铙和双面神人，皆为祭祀时所用。青铜用于生产工具的制造，多在江西新干大洋洲出土，而殷墟则不多见，如青铜铲、青铜犁铧、U 形青铜锸，据说这些工具用于翻土播种。青铜器用于生活，新干大洋洲出土的青铜甗，是蒸煮食器；箕形青铜器和流水鼎形器都是生活用品。还有青铜卣是盛酒器，龙纹铇形器大概是漏勺。

青铜爵，带流长 14.5 厘米，高 13.5 厘米，河南偃师二里头出土

浇铸青铜用的石范，山西夏县东下冯遗址出土

中国最早的青铜爵

传说禹作九鼎，夏代便在这一传说中，掀开了中国制造青铜器的第一页。传说是历史的影子，在中国古史陈列上，考古可以将一把铜爵和一组石范，作为夏有青铜的实证，但却不能证明“禹作九鼎”和夏的存在。如今考古再一次证明，距今四千年前后，青铜器和青铜作坊，已经在华夏大地上出现。如陕西榆林的石峁文化遗址及甘肃的齐家文化遗址，都有批量青铜器、青铜范出土，还有冶铜作坊遗址。这些遗址表明，中国史前文化正因青铜技术的催化，而向王朝国家过渡。

据说，公元前21世纪，夏人就主要活动在二里头遗址一带。图中的石范，考古说它是传说中的夏代铸铜模具，出土于山西省夏县东下冯，可与铜爵互证。

饕餮纹饰和饕餮纹拓片

青铜器的狞厉之美

青铜器西来，锋利坚韧，针对以软玉为生活中心的东方，迅速融入并嵌进了历史，成为主角，以金属攻玉，成为综合国力的利器。青铜工艺，在当时就是最先进的技术，但它对文化的表现与表达，还是融合了传统玉器上的东方格调作为青铜器纹饰。青铜器纹饰在更加艺术化的抽象过程中，出现了两种趋势，一是仍保留了初民稚气未脱的萌趣，一是张扬神秘的威吓，诸如厚重的形体、夸张的造型、狰狞的纹饰，诚如李泽厚先生所言，具有一种狞厉之美。“饕餮纹”巨口怒目，为狞厉之最。

饕餮究竟何指？牛、羊、虎、鬼魅等，或传说之动物，贪婪、食量大，吞噬无厌，所谓“饕餮凶残，食人未咽”，其实，那是一个“尸祭”的场面，赋予王朝世袭制一种借尸还魂的合法性。

“虎食人”青铜卣

据说最具狞厉之美的“虎食人”青铜卣，属于商代晚期，共有两件，出自湖南安化、宁乡交界一带，后来流入国外，一件藏于法国巴黎市立东方美术馆，一件藏于日本泉屋博物馆。

这两件青铜卣，整个造型被形容为“饕餮食人未咽”的表意，可看起来，这个所谓的“饕餮”或者虎，又像在保护着人。它究竟象征什么？也许它已经暗示了国家的权力本质，它既可以吃掉你，也可以保护你。人们在接受它必要的保护的同时，也得让渡一部分自由被它吃掉。

虎食人头妇好钺，通长 39.5 厘米，刃宽 37.8 厘米，重 9 千克，河南安阳殷墟妇好墓出土，两虎扑人首纹饰，人头居两虎口之间，欲吞噬状，斧钺中间有“妇好”二字

铜钺，长 31.7 厘米，宽 35.8 厘米，山东益都苏埠屯出土，铜钺的两耳下各铸“亚醜”二字

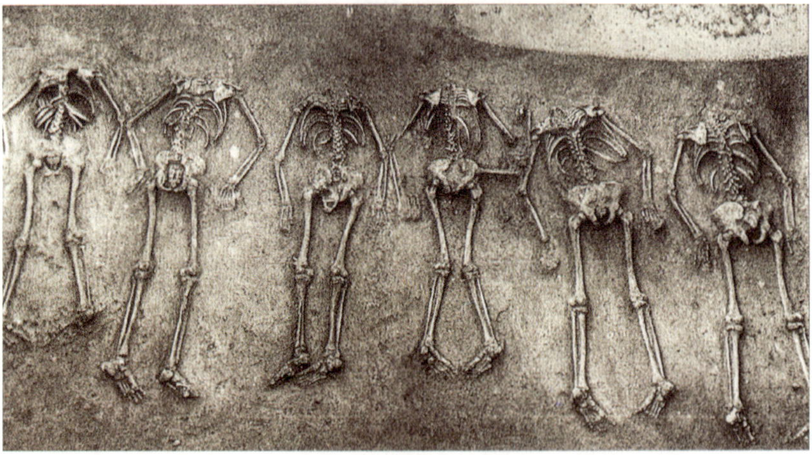

河南安阳殷墟墓葬里的 6 具无头骨架

真正代表商代狞厉本质的是青铜斧钺。它既是兵器，也是砍杀族人的利器，是兵权与祭祀权的象征，是“在祀与戎”的执行者。商人有杀殉仪俗，动辄数十人为王殉葬，有些殉葬者要被砍掉头颅。它是青铜斧钺的实用功能之一。

虎面和臣字目纹饰，江西新干大洋洲出土

一般来说，兽面纹以“臣字目”为中心，在殷商狞厉之美的氛围里，“臣字目”反而有原初的萌化表情。妇好墓有砍人如麻的斧钺，也有生动可爱的青铜用器。墓中出土的圈足觥是盛酒器，前端是两耳竖起的虎头，后尾一鸱鸮，尖喙圆眼，前后皆一副稚萌的表情，活泼生动，不见狞厉的震慑。与中原大商相比，江南的新干大洋洲以及吴城出土的青铜器纹饰则更加精致、秀丽、温和。

当然到西周，彝器的狞厉之美趋于缓和，周礼带来纹饰多样化。其实，如果说煊赫权力的威严，恐怕无过于唐以后的皇家金龙了。

青铜盘

史墙盘及其铭文，高 16.2 厘米，口径 47.3 厘米，重 12.45 千克，
陕西省宝鸡市扶风县庄白村 1 号窖藏出土

史墙盘出土于陕西扶风，内有铭文 18 行 284 个字，是西周微氏家族一名叫墙的史官，做盘记述文、武、成、康、昭、穆六王的业绩，以及自己的家世，其中有昭王南征荆楚事迹。所谓“弘鲁召［昭］王，广笞荆楚，唯狩南行”。成、康之世，建王城东都洛邑，将西周东西连成一体。但南楚渐强，昭王想再造先王之业，亲伐蛮楚，第三次南征时，却死在汉水。该记录可与《竹书纪年》互证。

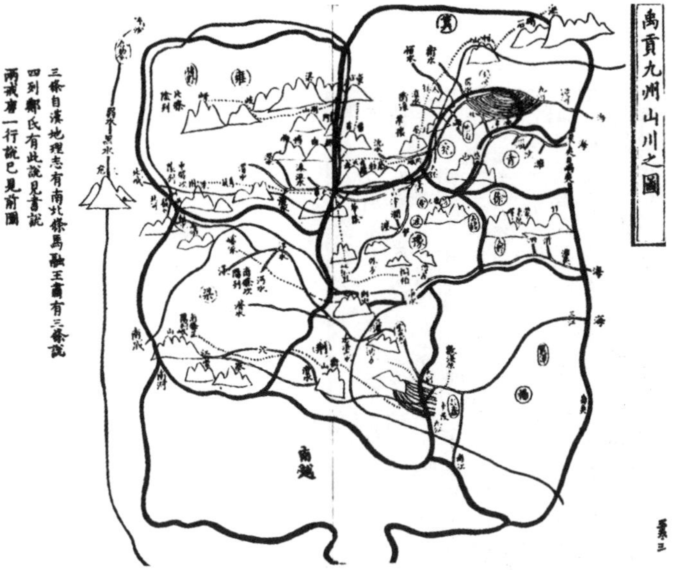

《禹贡》九州山川图

《禹贡》是《尚书》里的一篇，如果说《尚书》是中国古代最早的一部历史文献汇编，那么《禹贡》就是其中最早的地理文献。

《禹贡》1100 多个字，将当时山川形势描绘了然。今天来看，当时的九州分界为：冀州为山西省及河北、河南的一部分，兖州在河北和山东，青州位于山东省境内，徐州为山东和江苏的一部分，扬州指淮水以南的江苏和安徽，荆州占据湖北境内，豫州占河南省大部，梁州包括四川、西藏及陕西省的部分，雍州从陕西省东界绵延至甘肃省。

传说大禹治水，将天下划为九州，并依据山川和土壤，制定贡物和赋税标准，故称“禹贡”。以流域规划疆域，是设想中的九州，大略囊括了两河流域，再配以西周摊大饼式的“五服”行政区划，真乃经纬有序，有一种理想国的魅力。

后世皇朝舆地，基本没有脱离《禹贡》天下观的格局。

历代都有人根据文字或想象来描绘《禹贡》中的九州，寄托他们天下观的理想。

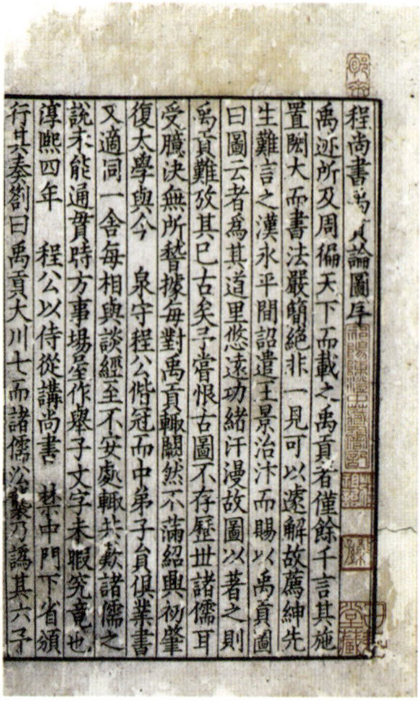
程尚書禹貢論圖序
禹迹所及周徧天下而載之禹貢者僅餘千言其施
置闕大而書法嚴簡絕非一見可以遽解故薦紳先
生難言之漢永平間詔遣王景治汴而賜以禹貢圖
曰圖云者爲其道里悠遠功緒汗漫故圖以著之則
禹貢難攷其已古矣予嘗恨古圖不存歷世諸儒耳
受臆決無所瞀據每對禹貢輒闕然不滿紹興初肇
復太學與今　泉守程公偕冠而中弟子員俱業書
又適同一舍每相與談經至不安處輒共歎諸儒之
說未能通貫時方事場屋作舉子文字未暇究竟也
淳熙四年　程公以侍從講尚書　禁中門下省頒
行其奏劄曰禹貢大川七而諸儒汨紊乃譌其六子

宋善本《禹贡论》

这本《禹贡论》是南宋程大昌撰写的，计《禹贡论》二卷、《后论》一卷、《山川地理图》二卷，宋代淳熙八年（1181 年）泉州州学刻本，半叶 12 行，一行 22 个字，白口，左右双边。版心下有刻工姓名，为宋代刻书之精品。

《山川地理图》主要涉猎江、河、淮、汉、济、黑、弱水七大川，该书作者以为旧传失实，逐一考定、辨之。各图主要反映《禹贡》中山、河、湖、海及冀、兖、青、徐、豫、扬、荆、雍、梁九州界域等。它采用中国古代地图传统形象画法，又以文字注记区别古今内容。它不仅是宋人研究《禹贡》的重要成果，也是国内外现存最早刻有确切刊印年代的一部历史地图集。在“直把杭州作汴州”的南宋，画这样的山川地理图，多少有点在怀旧了，也带有鞭策之意，北定中原之志犹在。皇帝夸他做得好，就把正本收藏起来了。另有副本，友人得之，刻以流传民间，就是这本了。

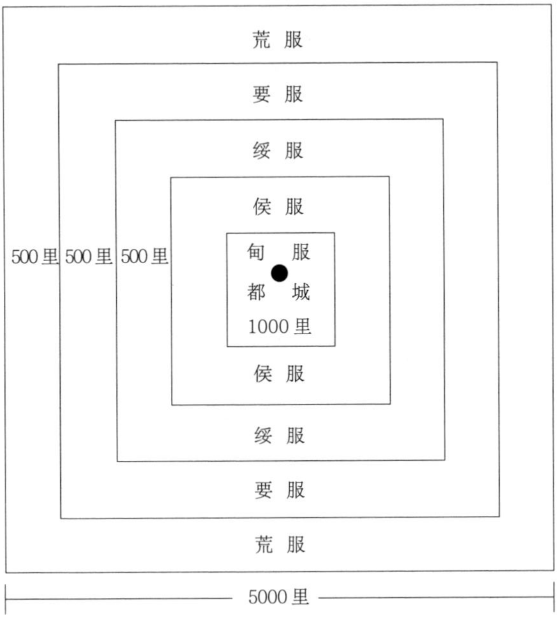

“五服”之天下

“五服”，如图所示，是国土规划的“服式”。出自《禹贡》，规划整齐，乃想象之图式，非求之于实际。以王畿为中心，每五百里为一服，依次为甸服、侯服、绥服、要服、荒服。

西周时期，行分封制，一来按血缘亲疏远近划分等级，二来按“五服”的服式规划天下之格局，以距离王畿远近，将天下划分亲疏等级。

管仲射齐桓公画像石，山东嘉祥县武氏祠左石室第四石，原石画面分三层，本图为第一层

管仲射齐桓公画像石，山东嘉祥县宋山村出土，原石画面分四层，本图为第三层

齐桓公与管仲

从太公姜子牙，传至齐桓公姜小白，应该是齐国第十六代国君了。齐国内乱时，小白与兄长公子纠各奔母家避难。三个月后，内乱平息，小白与公子纠都有入为齐主的可能性。小白从海边莒国奔齐，纠从鲁国日夜兼程，双方人马即将交撞时，纠的老师管仲，一箭射向小白，小白佯死，间道入齐。六天后，纠回国，小白已即位，为齐桓公。

齐桓公想任鲍叔牙为宰相。鲍叔牙说："在下庸臣，做点力所能及的事儿，已是愧对百姓了，治国，臣不及管仲。不及者有五：宽惠爱民不如，治国家不失权责不如，取信于民不如，制礼义可法于四方不如，两军交战擂鼓助勇不如。"

齐桓公与管仲画像石拓片

桓公听之，不记一箭之仇，从鲁国请回管仲，君臣合力，共治齐国。在周室衰微、华夷混乱之际，“尊王攘夷”，北攻山戎以救燕，西平狄乱以存邢、卫，解周王室之祸，定周襄王之位，率鲁、宋等八国，讨伐南方“楚蛮”，迫使楚国签订盟约。

做了这些大事，各国都服了，召开诸侯大会，各国诸侯都参加，周天子也派人前往，这样齐桓公就成了中国春秋第一霸。他在位四十三年，纠合诸侯联盟二十六次，孔子盛赞其尊华攘夷之功！孔子又说：“没有管仲，我们就要披发左衽了。”也就是变成夷。可到孟子时他的口气就变了，他说孔门羞言五霸，提都不愿意提齐桓公。

03

“中国”的来历

—— 国号反思

历代王朝，都以中国自居，却不以“中国”为国号，这是为什么？

直至近代以前，以“中国”为国号，还不曾有人提出过，这又是为什么？

有关“中国”的观念，按照魏源《海国图志》的说法，是世界性的。佛生于印度，故佛教以印度为中国；耶稣生于犹太（魏源记录为“如德亚”）伯利恒，天主教亦以之为中国；穆罕默德生于天方国——麦加，故伊斯兰教即以之为中国。以宗教发源地为“中国”，此说不知何据。

耶稣与佛陀，皆以个人体验创教，犹太教拒绝耶稣，印度教排斥佛陀，所以，耶教西行，而佛至东土。于本土尚难以立足，如何能使之成为中国？此说不足为凭。

可印度和日本，都有过“中国”，章太炎在《中华民国解》一文中说道：“印度亦称摩揭陀为中国，日本亦称山阳为中国。” 章太炎认为，印度、日本之中国是地域中国，仅仅是作为地理空间上的中心与边缘来使用的，不具有王朝属性，也没有天下观主张。

日本山阳国，或许如此吧，平安时代延喜年间，政府颁布文告，将驿站按地区分为近国、中国和远国，山阳国居中，故称中国，后受儒家影响，而有“中国心”。

可摩揭陀国自诩为“中国”，却有着“举领域以对异邦”的中心地位。

那时，亚历山大率军入侵印度，在恒河流域留下一支军队，就回西方了。

在摩揭陀国，有一个世代饲养孔雀的家族，该家族出了个旃陀罗·笈多。旃陀罗·笈多自称“月护王”，起兵推翻难陀王朝，自立为王，还赶走了马其顿驻军，统一北印度，建立起孔雀王朝，至阿育王时，其国强势，遂从婆罗门教转向了新兴的佛教。

因此，在恒河流域，就出现了一个以摩揭陀为中心的“中国”，此“中国”便与东土之中国相似。而此前，在印度河流域也有过一个“中国”，那是由雅利安人入侵形成的婆罗门教“中国”。摩揭陀国兴起时，原来的婆罗门教“中国”已经衰落，恒河流域成为新“中国”。

与此相应，个体性的佛教也在此兴起，与国家主义的婆罗门教相对立。

释迦牟尼在摩揭陀国居住最久、教化最盛，精神文明的中心也就随之转移到了摩揭陀国的王舍城。当阿育王势力兴起时，佛教便取代婆罗门教，成了新国教，而“摩揭陀中国”，也就成了“佛教新中国”。然而，仅仅过了一百多年，孔雀王朝就崩溃了，“摩揭陀中国”随之解体。因此，无论制度建设，还是国土经营，论规模，“摩揭陀中国”都不及东土中国。

而其迥异者，乃“摩揭陀中国”趋于宗教，未能形成以历史为基础的文化中国。

可也有一点相似，那就是它们都未以“中国”为国号，都把“中国”看作王朝领域。

“中国”，属于王朝领域，是王朝的中心，这一基本事实，决定了“中国”的性质。

王朝都是家天下，用家天下的眼光来看中国，自然就把中国看作王朝的领域了，归王朝所有，而且尽量凸现王权的家天下的广延性——“溥天之下，莫非王土”。

因此，中国成了王朝属性，用朝代来命名中国，以表明中国的王权主体性及其家天下的性质，对外，以天下观建立朝贡关系，对内，以君主专制实行中央集权统治。

这样的“王土”中国，缺乏独立性格，不能从王朝属性里超越，所以，只要王朝还在，“中国”就不会成为国号，除非王朝退出。王朝中国如此，那么，文化中国呢？

有人说，传统文化是政治文化，正如中国是王朝的属性，不能脱离王朝而存在，文化成了政治的属性，也不能离开政治而存在。这是站在王朝中国的立场来看文化中国，看到了文化中国与王朝中国相结合的那一面。可一旦王朝政治式微，天下安危就要靠文化中国来担当了。当国家分裂时，文化中国便是历史的统一体，为国家统一提供范式；当改朝换代时，文化中国以民本为基地，为革命者提供合法性依据；当异族入主中原，建立王朝中国时，文化中国依然屹立，或以夏变夷，或以革命攘夷。正是有了文化中国的存在，我中华民族历数千年，而至今未衰。关于文化中国，《明儒学案》卷二十四说：“今所居者中国，尧舜禹汤文武之所立也；所业者六经，尧舜禹汤文武之所作、周公仲尼之所述也。”

清朝统治中国，深谙此道，那时，中国士大夫对新朝仍心有芥蒂，雍正皇帝对此很不满意，下旨教训他们时，就拿出了文化中国的老底。他看本朝人刊写的书籍，凡遇“胡、虏、夷、狄”等字，都要留空白，或改易形声，如以夷为“彝”，以虏为“卤”，就皱起眉头，说“阅之殊不可解”。以夷虏为忌讳，就是在内心里，还认为清朝是夷，这样的避讳，与其说是出于敬意，而毋宁说是集体无意识地带有某种地域性和民族性的鄙视。对此，他认为不可理喻，斥之为“背理犯义而不敬之甚者也”。他说，中国不应该从地域上来分，而应该从道统上来确认，我朝肇基东海之滨，统一中国，君临天下，所承之统，就是尧舜以来中外一家之统，所用之人，都是中外一家之人，所行之政，也是中外一家之政。这还不是中国吗？不去想这个文化中国，老怀念旧王朝，“徒辨地境之中外”，“不且悖谬已极哉”！

这位雍正皇帝确实厉害，他的驳斥还是很有力的。还是这个皇帝，他除了要解决新、旧两个王朝中国的矛盾，还要面对中国之教与西洋之教的新矛盾，他说：“中国有中国之教，西洋有西洋之教，彼西洋之教，不必行于中国，亦如中国之教，岂能行于西洋？”

他这么一说，“溥天之下，莫非王土”，似乎就不包括西洋了。西洋既不属于《禹贡》“五服”，也不在《周礼》“九服”，既然在汉家天下之外，它也就算不上是夷了。

汉唐对西洋，非但不以夷视，还向往之。《两汉博闻》卷十一“大秦国”说，海西有大秦国，亦名海西国，“其人民皆长大平正，有类中国，故谓之大秦”。其时称西方，不称“西洋”，而称“西海”，按照日本学者白鸟库吉的说法，《后汉书》所称“西海”，在波斯湾及红海一带；“海西国”位于波斯湾及红海以西，即埃及；《汉书》称埃及亚历山大城为“黎轩”。黎轩后来被罗马灭亡，就变成了大秦。

大秦，是罗马帝国统治下的埃及，以亚历山大城为中心，向东延伸至罗马帝国的亚洲地区。白鸟库吉说，西汉时，中国人已知有黎轩国，但不知其详情。至后汉，始悉世界财宝，大都汇集于此，其富有之情状，已非中国本土可及，便言其祖先，皆源自中国，而有“有类中国”一说，又因汉之前为秦，故以秦人称之，称“大秦”者，乃身高体大之谓。

“有类中国”的“大秦”，岂止非夷，而且还出圣人。清初南怀仁《坤舆图说》卷下说，中国称西方有圣人，那圣人，就出自“大秦”，也就是罗马帝国的埃及部分。不光汉人有此大的胸襟，晋人也如此。法显，六十西行，七十习梵文，八十译佛经，开创我国向西方学习的先河，后来，才有了唐玄奘西行取经，才有了郑和下西洋和传教士东来。法显西行求法至印度，著《佛国记》，言及释迦牟尼、阿育王时，就介绍了印度的“中国”。晋虽乱世，可晋人的神经却未衰弱，心里能放下两个中国，一个是祖国中国，一个是佛国中国。

可自从雍正皇帝发了“彼西洋之教，不必行于中国”的上谕后，王朝中国就开始对文化中国进行审查了，最明显的标志性工程，就是乾隆皇帝启动的纂修《四库全书》。

别的不说了，就说《四库全书》的编纂者们对书的审查吧。对《佛国记》，审曰：“其书以天竺为中国，以中国为边地，盖释氏自尊其教，其诞谬不足与争。”

法显“以天竺为中国”，只是陈述历史，并认同之，并未以祖国为边地，否则他就不会渡海历尽磨难，要把真理带回来了。这样一位惊天动地的文化英雄，竟被史官文化斥为谬者，由此可见大清朝那一颗脆弱的“中国心”。对利玛窦所制《山海舆地全图》，清朝也以画鬼魅视之，以为图示世界，目不能见，足不能至，不过欺人而已。而明朝的万历皇帝，却把这幅地图挂在宫廷里，展示给他的皇子们。《坤舆图说》是南怀仁为《山海舆地全图》所作的解说，可清朝人对其中所言世界各地已经毫无兴趣，别说像法显那样去世界实地考察一番了，连案头的文献调查工作也没做，就断言它是从我国古书里剽窃出来的。

那时，满、蒙王朝已经“中国”化了，青、藏边疆也“中国”化了，越南和朝鲜等属国成了“中国”化的边缘地带。传统意义上的夷狄都变成中国了，新夷狄在哪里？在西洋。

天朝不是汉唐，没有对西方的向往，不再用“有类中国”的眼光看西方，而西方自“大秦”以来就在寻找中国，寻找那个像丝绸一样的中国。当马可·波罗告诉西方人他到过中国时，西方激动了。传教士也来了，向欧洲介绍中国的文化和思想，就连西方文艺复兴和启蒙运动都受了中国思想的影响。可当受到启蒙的西方人再来时，中国却称他们为夷狄。

利玛窦去世，明万历皇帝给予了很高的礼遇，赐北京西郊二里沟佛寺，房屋三十八间，地基二十亩，安葬了这位西来的利子。下葬时，满朝文武百官都来行礼。一太监问相国叶向高，远方来宾，从来就没有赐葬，何独厚于利子？叶相国回答说，其他事都不论，仅翻译《几何原本》一书，就应该赐一块葬地。对于西方文化，这是何等清醒的认识！

清初，康熙皇帝延续了明朝的这一做法，汤若望、南怀仁两位西儒相继去世以后，就在利玛窦的墓旁赐地安葬，并用满文、汉文、拉丁文三种文字刻写了碑文。

从雍正开始，才一改此例，雍正皇帝禁传教，并驱逐传教士。到了乾嘉时期，传教士都被驱逐无余，遂使夷教销声匿迹。夷教受难，乃中西文化冲突之始，可谁知？

天朝驱逐了上帝的使者——传教士，西方又派来了魔鬼——鸦片烟。

抽鸦片的中国，被西方瞧不起了，连地球是圆的都不知道，还要自称中国。渐渐地，中国人的思想，受了科学影响，也从天圆地方中解放出来，知道了地球是圆的。戊戌变法时，湘人皮嘉祐作《醒世歌》，他这样唤醒世人："若把地球来参详，中国并不在中央，地球本是浑圆物，谁是中央谁四旁？"如同日心说之于基督教，地圆观念颠覆了天下观。

同为湘人的叶德辉，对《醒世歌》很不满，他写信给皮嘉祐的父亲皮锡瑞，用"五行"说来解释中国。他说，地球是圆的，不能指定一地为中，但在"五行"里是有中央的，亚洲居地球东南，中国居亚洲东南，而五行之位，以东南为首。以五色配五行，黄属土，土居中央，而中国人都是黄种，可见开天辟地时，就把中国人放在了五行的中位。

为此，他还自鸣得意，指出"西人笑中国自大，何不以此理晓之"？他哪里懂得，"此理"在西方人看来更为可疑，臆想的"五行"说，也就说说而已，哪能当作真理？！真理要拿出证据，他能拿出怎样的证据，来证明臆想的“五行”说符合科学原理，而中国又能以怎样的实际来证明其中心地位？以“此理晓之”，只能增添几分文明的滑稽。

王朝中国的破落，已是毋庸置疑，不过，还有个中道之国可以坚持。

同治年间，当美国公使蒲安臣率清朝使团出使欧美时，有个名叫志刚的满人随同，并出任副使，此行，他写了一本游记，叫作《初使泰西记》，游记里写道：“前在西国，客问使者曰：‘地球上无土而非国也，中国之说何谓也？’”这“使者”，也就是他本人了，他的回答，比叶德辉的说法要高明得多：“中国者，非形势居处之谓也。我中国自伏羲画卦已来，尧、舜、禹、汤、文武、周公、孔、孟所传，以至于今四千年，皆中道也。非若印度之佛言空，犹太之耶稣言爱……则所谓‘中国’者，固由历圣相传中道之国也。而后凡有国者，不得争此‘中’字矣。”

志刚不为王朝中国争，却为中道之国争，也亏他能争得如此理直气壮。

当时，能支撑中国脸面的，也就这道统了。可没过多久，等到郭嵩焘出使英国时，连道统中国的脸面也被挑战了。因为，他发现，“西洋立国自有本末”，其本，在国家政教，其末，则在商贾，而造船制器，又其“末中之一节也”。其政教之本有二，一是议院政治，一是民选政治，而国人“师夷之长技”，并未师其本，而是师其末之末也。

郭在《使西纪程》里写道：“西洋所以享国长久，君民兼主国政教也。”他还比较了中、英两国政治，他说，“西洋君德”没有能跟我国先王相比的，就连伊尹、周公那样的宰相，“亦未有闻焉”。但中国的政治，寄托于圣人一身，是以“圣人治民以德，德有盛衰，天下随之以治乱”；而西洋政治，则为全体公民政治，“西洋治民以法”。

本来，中国人对自己的文化十分有自信，武力或有不如人时，文化总过得去。可郭嵩焘偏要这么一说，说得中国人在文化上也抬不起头来了。

原来只以为强国之技不如人，现在懂得了连立国之道也不如人，书中不仅将古希腊的“巴子”（柏拉图）、“亚子”（亚里士多德）和中国孔、孟相提并论，而且对朝廷拟制的国旗“黄龙旗”也提出批评。

当时，中国正在组建海军，要有一面国旗作为标志，总理衙门向慈禧太后提交了各种方案，其中就有黄龙旗。慈禧认定，“龙”为君身，金黄乃皇家之色，就选了黄龙来代表大清——王朝中国，命水师船舰都要悬挂三角形的黄龙旗。可郭嵩焘却唱反调，他说：国旗都是长方形的，没有三角形的，而且船上挂黄旗，是有人病危，向别船医生求救帮助的信号，以此为国旗“太为失考”。他把这书稿寄回国内，呈交总理衙门，正准备刊印，结果却成了一个供人攻击的言论靶子。后来，梁启超在《五十年中国进化概论》里，谈起了这段往事：“记得光绪二年有位出使英国大臣郭嵩焘，作了一部游记，里头有一段，大概说：‘现在的夷狄，和从前不同，他们也有两千年文明。’哎哟！可了不得，这部书传到北京，把满朝士大夫的公愤都激起来了，人人唾骂，日日奏参，闹到奉旨毁板 [版] 才算完事。”

别看朝廷总拿中国说事，可那是天下观里的中国，国际关系中的“中国”观念尚未形成，因此，有关中国的一切，都是急时抱佛脚，得过且过。为了组建海军，朝廷勉强凑合了一面国旗，过了二十多年以后，李鸿章才发现，光有国旗还不够，还要有国歌。

1896 年，李鸿章作为外交特使赴欧洲访问，他没想到，每到一国，除了对他表示欢迎外，还要演奏中国的国歌，可他哪里有什么国歌？这个聪明透顶的家伙，随机应变，临时凑合，找了一首七绝诗，配以古曲，唱道：“金殿当头紫阁重，仙人掌上玉芙蓉，太平天子朝元日，五色云车驾六龙。”真是雍容华贵，一派帝王家气象，就权当国歌了。

又过了十五年，才有典礼院向末代皇帝呈览“国乐”《巩金瓯》，歌词这样唱道：“巩金瓯……帝国苍穹保……”可老天不保佑，六天以后，武昌起义就爆发了。

国旗、国歌就这么凑合，还有国号呢？家天下，要国号干什么！

黄遵宪曾建议，以“中国”为国号作为对外统称。他说，世界各国，皆有总名，独中国无之。因此，各国称谓我国，有称汉的，有称唐的，日本人或称唐，或曰明——不承认清，都以朝代称。而印度人或称震旦，或曰支那，英吉利人言差那，法兰西人谓差能，各国译来译去，皆非我国固有名称，真可谓“名不正，则言不顺”，可朝廷正“量中华之物力，结与国之欢心”，顾不上为中国正名。今日且过，宁有他日，今年且过，难挨明年，我土我民，岂有待于此老态龙钟之王朝来安排耶？国旗凑合着挂了，国歌也凑合着唱了，后来，转向革命，三千多年的王朝中国终结了。此次革命，产生了一种新的理想——民主，使中国从王朝属性里解放出来了。中国人第一次脱离王朝而有了独立的国体意识，回到文化中国的本体上再造民主中国，而有《少年中国说》。

1900 年，是 20 世纪的起点，中国正在遗弃王朝的皮囊，要独立于世了。梁任公得风气先，思想如雷如电，目光穿越千年，直面当前，他发现：在王朝的废墟上，正走来一位如此壮丽浓郁翩翩绝世美少年，那是谁？啊，中国！他重启的那个“中国”，从青色的春天里走来，充满了青春的气息，那便是青春中国，是文化中国。天地之际，青春受谢，方死方生。美哉！旧王朝方死，新中国方生，方死者如夕照，如秋后柳，如地上霜，方生者如朝阳，如春前草，如山中泉。天地大矣，前程辽矣，日月所照，风水所及，新中国萌芽矣。

以往三千年之中国，“虽有国之名，而未成国之形也。或为家族之国，或为酋长之国，或为诸侯封建之国，或为一王专制之国……岂尝有国家哉？不过有朝廷耳……朝也者，一家之私产也；国也者，人民之公产也”。梁氏此说，或出自西学之民主思想，亦源于文化中国之民本理想，他基于民本理想，而有民主主张，他像孔子那样“祖述尧舜”而有新中国的理想。

他说，国体发育有如生命，以少年中国言之，则尧舜以前为胚胎时代，殷周之际为乳哺时代，由孔子而来迄今为童年时代，而今将入少年之境界。老大之王朝中国方死，青春之民主中国方生。造成今日之老大中国者，则中国老朽之冤业也；制出将来之少年中国者，则中国少年之责任也。“故今日的责任，不在他人，而全在我少年。”

“少年智则国智，少年富则国富；少年强则国强，少年独立则国独立；少年自由则国自由，少年进步则国进步；少年胜于欧洲，则国胜于欧洲；少年雄于地球，则国雄于地球。”让我们重启文化中国的理想，为青春中国礼赞，为少年中国祝福吧：“红日初升，其道大光；河出伏流，一泻汪洋。潜龙腾渊，鳞爪飞扬。乳虎啸谷，百兽震惶。鹰隼试翼，风尘翕张；奇花初胎，矞矞皇皇。干将发硎，有作其芒。天戴其苍，地履其黄。纵有千古，横有八荒。前途似海，来日方长。美哉我少年中国，与天不老！壮哉我中国少年，与国无疆！”

1902年，梁启超发表了科幻小说《新中国未来记》，提出理想的国号，应该叫作“大中华民主国”，而理想的开国纪元就在1912年，这一年刚好就是中华民国元年。新中国非由王朝中国转化，乃从文化中国分娩。民主为新中国接生，早就被他预言。

法显西行“以天竺为中国”

法显，东晋时人，他的心中，除了祖国，还有佛国。

他发现，佛经流传中国，不仅传译失真，还残缺散佚，便力邀二三知己，从长安出发，沿丝绸之路前往天竺取经，那一年他已 65 岁。

路上，他得到敦煌太守李浩和前秦皇族苻公孙的资助，四年后，他到达印度。此时，他才知道，佛经在印度没有文字记载，只是口耳相授。于是，他开始遍游古刹，寻访佛经，学习梵语，三年后，就能独自托钵游方了。

从此，天海茫茫，漂泊无常，他从孟加拉湾，乘商人大舶，泛海西南行，借助初冬的信风，到狮子国（斯里兰卡），在王城的无畏山精舍，求得了四部经典。两年后又重返海上，穿越马六甲海峡，绕行东南亚半岛北上。

这样，他在海上漂流了 105 天，在南海的耶婆提国（苏门答腊岛）上岸，等候季风，又是五个月，然后上船东行，海上颠簸三个月，粮水将尽之际，他望见了青岛崂山。净土宗慧远大师，将他迎到都城建康（南京）。

在道场寺，他开始翻译佛经，计六部二十四卷经律论，一百多万字，还有大小乘三藏中的基本要籍，他笔译不止，直到逝世。

把佛经直接从梵文译成中文，法显是第一人。

十三年里，他游历了三十一国。有人认为，他曾漂流到了中美洲一带，是中世纪第一个看见了美洲的亚洲人。论年头，虽然比哥伦布早了一千多年，但意义相差甚远，他是偶然看见，而哥伦布是有目的的发现。

他留下一本《佛国记》，记录了他漫游佛国的见闻，还记载了他在海上的历程。书中，他对佛国的赞美，被清朝人说成“以天竺为中国”。

印度哈拉帕文明的抽象小铜人

阿育王的石狮

恒河流域的摩揭陀“中国”

大约七十万年前，印度河流域就已经有人类定居，约公元前 7000 年，他们的后裔在印度河流域可以建筑泥砖小城，繁殖农牧业和人口，他们的手工制品是赤陶。公元前 2600 年前后，印度河河谷的大部分地区，出现了繁荣的城市文明，史称“哈拉帕文明”。哈拉帕人已有印章文字。约公元前 1800 年，哈拉帕文明开始衰落，哈拉帕许多城镇被弃毁，哈拉帕人将大量神秘的、抽象的、风格化的青铜人埋藏起来。随后，印度 - 雅利安人落脚在恒河流域，他们有自己的语言和宗教，有自己的典籍《吠陀本集》以及史诗，是印度教的开始，不久，印度教为婆罗门祭祀层掌控。公元前 500 年前后，乔达摩·悉达多创立佛教，避开印度教祭祀层和繁复的仪式。公元前 326 年，亚历山大来了又走了，旃陀罗·笈多崛起，以摩揭陀为中心，开始统一恒河流域的众王国，笈多创立了印度史上第一个中央集权的大帝国，他的孙子阿育王皈依佛教，并四处派遣传教士。

《坤舆万国全图》，纵 192 厘米，横 380.2 厘米，南京博物院藏

《坤舆万国全图》在“中国”的命运

意大利人利玛窦是中西交流史上的重量级人物，他所绘制的多种版本的汉文世界地图，在当时流传甚广，影响巨大，让人震撼并冲击了中国人传统的“天下观”。

1582 年，30 岁的利玛窦抵达澳门，准备进入内地传教，直到 1610 年他在北京逝世。作为传教的副产品，他绘制了多幅汉文世界地图，在他所履之地的士绅之间流播。

1583 年，利玛窦转道广东肇庆，在寓所挂了一幅欧洲文字标注的世界地图，引起了当地士绅的极大兴趣，知府王泮请他译成中文版。1584 年，中文版完成并在肇庆刊印，题为《山海舆地图》，是第一部近代意义上的具有国家疆域观念的汉文世界地图。

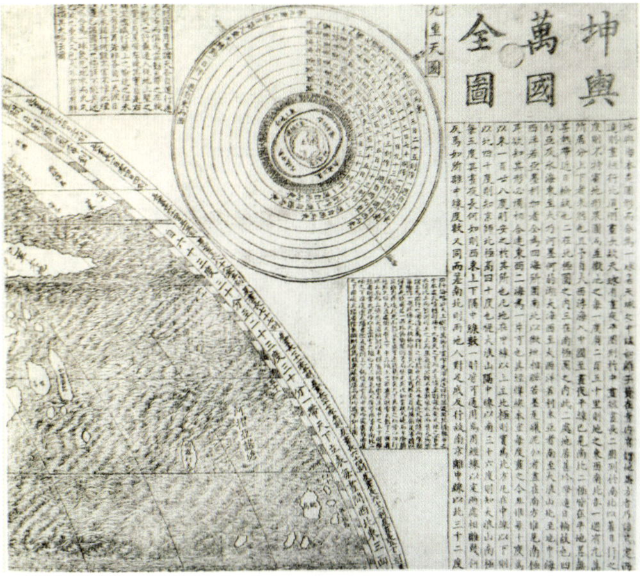

日本京都大学藏黑白版《坤舆万国全图》（局部）

1595 年，利玛窦到了南昌，受到建安王朱多㸅的热情接待，在南昌，他一住就三年。其间，他为建安王绘制了多幅世界地图，遗憾均已失传。唯有一幅保留在当时白鹿洞书院院长章潢巨著《图书编》中，名为《舆地山海全图》。

1600 年，南京吏部主事吴中明邀请利玛窦到南京，利玛窦将他以前所绘制的世界地图修订重绘，题为《山海舆地全图》，为彩色汉文地图，可惜今不传世。

1601 年，利玛窦终于获准长居北京，他献给万历皇帝《万国图志》一册，据说是欧洲原版奥特利乌斯绘制的《地球大观》，装帧精美，烫金布面。至于万历皇帝挂在宫中的地图，也许是利玛窦带来的自绘汉文版。地图在宫中引起了争论和不小的震动，甚至有人认为除天朝上国域外之国皆为鬼

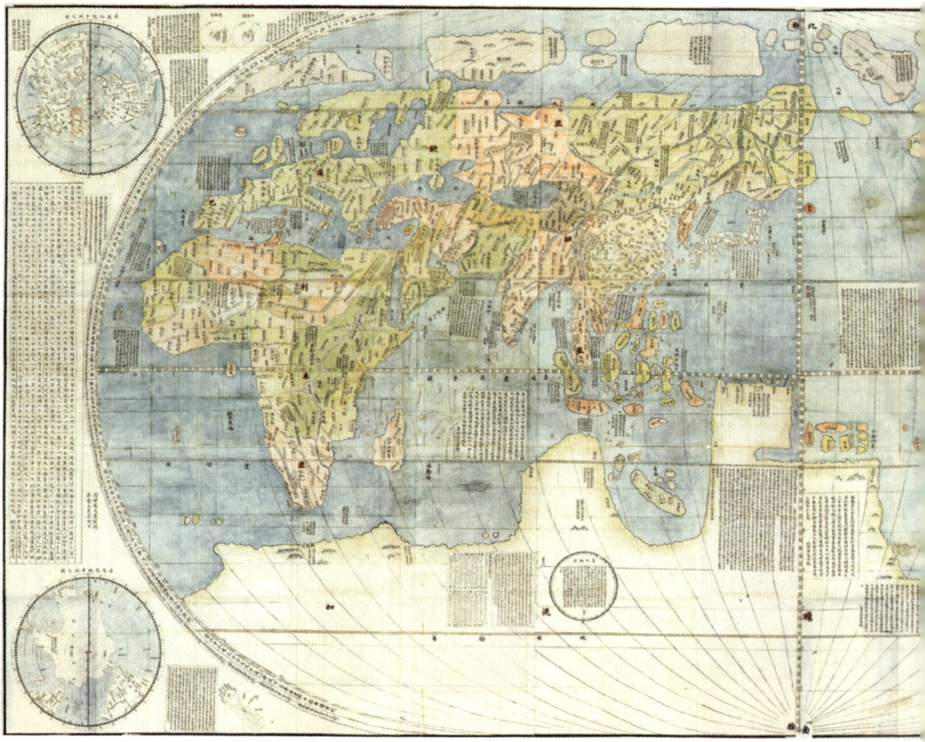

魅或子虚乌有，主张将他赶走。

1602年秋，在李之藻的推动和协助下，利玛窦对原来所有中文版世界地图再次进行修订，并终获在北京刊印，题为《坤舆万国全图》，也被称为李之藻版《坤舆万国全图》。

“全图”附有利玛窦署名的论说、序文三篇，李之藻序一篇，吴中明为1600年南京版《山海舆地全图》所写序一篇。此外还有“东郡祁光宗题”、“蜀东杨景淳识”和“泌阳陈民志跋”。利玛窦落款“万历壬寅孟秋吉旦欧罗巴人利玛窦谨撰”。

《坤舆万国全图》左下方还有“钱塘张文焘过纸，万历壬寅孟秋日”两行小字，表明张文焘是这幅地图的印刷承制人。据说张文焘是李之藻门人张焘之子，张焘曾受命李之藻赴澳门购买军火，以抗后金（清前身）。

梵蒂冈教廷图书馆藏《坤舆万国全图》

据利玛窦记载，他原本想绘制彩色版的。但从现存藏本来看，有的是彩版，有的是黑白版，说明原本不是彩版；地图印制出来以后，各有设色。

李之藻原刻版为木版刻印，由六条屏幅组成，每一条屏幅高 1.79 米，宽 0.69 米，拼合起来为 4.14 米，总面积为 7.41 平方米。以黑色线雕印刷椭圆形世界地图，上有三个耶稣会印章，以及如上所述的众士序跋等说明文，地图四角有四幅圆形图及相关解说文字。右上为《九重天图》，右下为《天地仪图》，左上为《赤道北地半球之图》，左下为《赤道南地半球之图》。

至今，现存李之藻原刻版《坤舆万国全图》共有七件，分别藏于梵蒂冈教廷图书馆（两件）、日本京都大学、日本宫城县立图书馆、日本内阁文库、法国巴黎原克莱芒学院（大路易学院）、意大利博洛尼亚大学天文台（残本）。

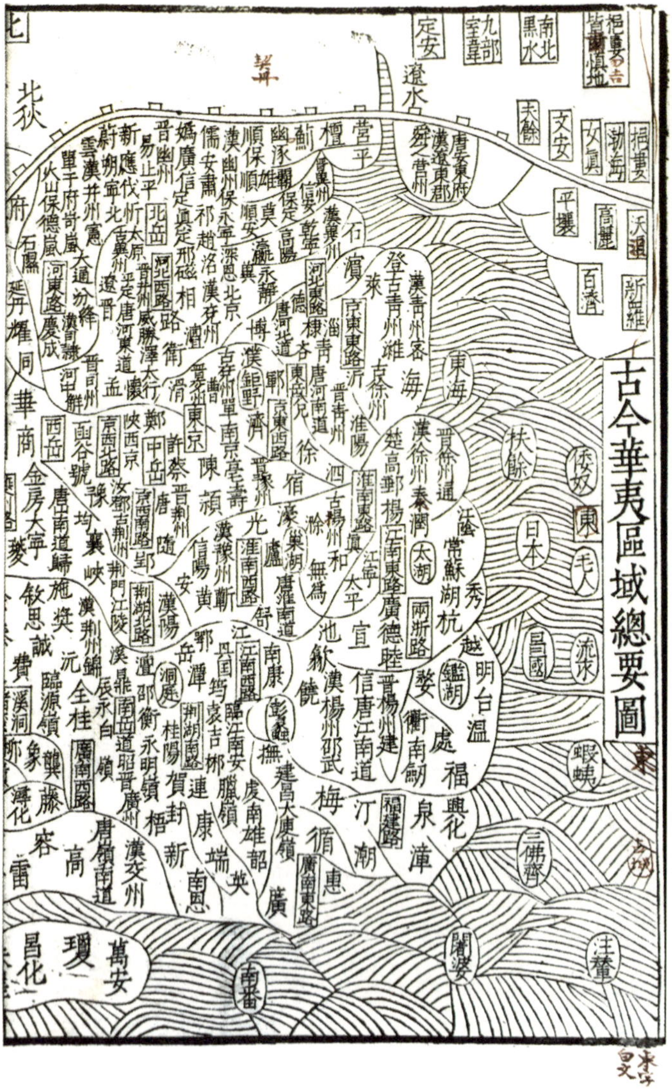

历代地理执掌图

叶德辉以“五行”说论中国

叶德辉出生在长沙，那是1864年。

他祖籍江苏吴县（今苏州），父亲为避太平天国之乱奔湖南。

所以，他自称“半吴半楚之人”——善于经商，喜欢抬杠。

戊戌变法期间，他在湖南与巡抚陈宝箴、梁启超等人抬杠。

他驳斥皮嘉祐地圆说：按照地圆说，世界当然没有中国，按照“五行”说，还是有中国，应该跟外国人解释，中国是从“五行”说里来的。

他认为，中国人生来就高贵，指出西医以为胎儿在母腹中，男女一样，都是头足倒置的，西方人才以那样下贱的姿势出生。中国人不这样出生，所有要出生的男女，都端坐在腹中，以高贵的姿势出生。

他有一句名言“书与老婆，概不外借”，可见其尖酸。

1927年，湖南农民运动兴起，他作一副对联给农协：农运宏开，稻粱菽，麦黍稷，尽皆杂种；会场广阔，马牛羊，鸡犬豕，都是畜生。横批是：斌尖卡傀。意思是：不文不武，不大不小，不上不下，不人不鬼，什么东西！

他这样顽固，不识时务，结果就被农民运动给镇压了。

叶德辉比皮嘉祐的父亲皮锡瑞小十四岁，与皮嘉祐一样经历了观念转型时代，但他偏要生活在自己的观念世界里——“五行”里的中国。

“五行”里的中国，观念背景当然还是那个两千多年前的“五服”天下，以华夷之辨划圈的西周国。一千年以后，有人依据华夷之辨绘制了一幅地图，名之《古今华夷区域总要图》，为苏轼撰。明嘉靖年间（1522—1566）重新刻印，又名之《历代地理执掌图》，共四册四十四幅，是国内现存最早的历史地图集。宋代以来，北患不绝，对于燕北辽国，宋人开始自觉华夷意识，苏东坡作此图，暗示了他的焦虑。

04

文化的边疆

—— 孔子视野

中国古代史学，是以中国为中心的天下观史学。

有人说，孔子是国际化的，他周游列国就证明了这一点。

然而，他所到的国家，都是周初封建的“中国”化领域，“吾从周”既是他的价值取向，也是他的行动路线，他作《春秋》，就是表明“吾从周”，这也形成了他的历史观。

历史，是文化对一定时期的人类活动的成果所做的选择和记录。

不是一切活动都能载入历史，要有选择，“吾从周”就是一种选择。

在《春秋》里，孔子开始编年，编年，是将人类存在的时间化作历史。用历史的眼光来看时间，是一种很高明的智慧，这是中国文化的优点。古希腊文化用哲学来把握时间，时间被抽象化和绝对化了，然而，在印度文化中，时间仿佛在轮回里消失。只有在历史中，时间才是具体的，才与人生相关联。但不是所有的时间都能转化为历史，能转化为历史的，除了要有价值取向形成的历史观，还要用材料和证据来复原，并将其再现。孔子虽然“祖述尧舜，宪章文武”，可他作《春秋》的时候，还是要从《鲁春秋》开始，他对时间所做的选择，就是基于所能掌握的材料和证据，在这方面，后来的司马迁放松了自己。司马迁理解孔子的抱负，继《春秋》而作《史记》，可他还有黄老思想，还要祖述黄帝，认定历史从黄帝开始，用不像历史的《五帝本纪》开启历史，成就一个“炎黄子孙”的帝王谱系。

时间以外，还有个空间的选择问题。不是所有的空间存在都能进入历史的范畴，要用一种文明的标准对空间存在做检验，对孔子而言，他的历史空间就是中国，而历史，就是使空间存在“中国”化的时间序列，此外皆非其所谓“历史”。因此，当时能进入他历史视野的国家，都是按照周礼的封建制的“中国”化的国家，而非周礼以外的蛮、戎、夷、狄。他虽然以鲁国的旧史为据，但他所关心的却是那时国际化的“中国”问题。因此，他作的《春秋》不是鲁国史，而是中国史，是他的世界史。孔子的世界，是“中国”化的世界，在黄河流域，是黄河边的中国。当他从鲁国出走时，是一个持不同政见者，怀有一种世界性的理想，却没有所谓的乡愁，带着门人和弟子，仿先王“周行天下”，一路子曰诗云，周游列国去了。

周行天下，禹开了个头，“茫茫禹迹，画为九州”，用双脚来规划国土。后王效仿，从神话与历史交错的穆王西游到仙话丛生的秦皇汉武巡狩，其实都和国土资源有关，周游是为了盘点江山。因而每至一处，都要祭名山、祀大川。五岳封禅外，还要去海外寻仙，寻仙的灵感，刺激了天下观，往往带来地理大发现。孔子周游，在精神上，亦自有一番王者的追求，要将“纷纷中国，载入春秋”。他也去登山，“登东山而小鲁，登泰山而小天下”，鲁国太小了，居然容不下他；天下也太小了，他的道太大，中国放不下，故长叹“道不行，吾将乘桴浮于海”，然而，他终于没有下海，而是回到黄河边，叹“逝者如斯夫”了。

周游一番后，孔子的地理视野仍未超出“禹迹”那一部分，没有新发现。可他的思想，却越过黄河边的中国，来与先王握手了。这一握手，他就发现黄河边的中国太小，不仅先王之道放不下，就连他本人也待不下去了，惶惶如丧家犬。

这时，他发现了两个“新中国”，一是西戎秦，一是南蛮楚，一齐崛起了。

秦虽西戎，自居周地以来，便“中国”化了，孔子很欣赏它，也曾赞扬过它。

可对南蛮楚，他却有些看不懂，即便楚国受了中国的影响，它的文化也是自成一体，颇为异样，不像秦那么质朴——他一眼就能看清楚。例如，从楚国来到中土的老子，就有自己的一套，与文、武、周公不同。孔子去洛阳拜访过老子，老子那么谦虚，使他无法驳斥。因为他发现，老子虽然不喜欢周礼的那一套礼教，但是，对于礼数却比他还要熟悉。

孔子向老子问礼，问得很具体，就连出丧事时逢着日食该如何行礼都问了，老子对他提的问题一一作答，使他由衷敬佩。孔子这样说道：鸟，我知其能飞，用弓箭就能射它；鱼，我知其能游，用钓钩也能钓它；兽，我知其能跑，下个网就能捕捉它；有一种东西，我不知道该怎样对付，那就是龙，而老子就像龙一样，变幻莫测，与物同化。我们知道，楚文化有一只凤，而中原文化有一条龙，他没说老子犹凤，而说老子犹龙，就是强调老子已经“中国”化了。他这样看老子，不看出身，不看地域，而是看文化，就是超出五服、九服等地缘政治限制，而用了文化的观点。中国的本质，不在地域，而在礼义，中国人的标志就是懂礼。老子那么懂礼，当然就是中国人了，这样的观点，应该就是文化中国的观点。

老子身上还有另外一种文化，孔子没有碰它，因为他是“吾从周”的，所以，问了礼，就走了。他向老子请教，请教的是周礼。老子很懂礼，楚国人呢，懂礼吗？

他用了文化的观点来看老子，是否也这样来看楚国呢？楚国在地域上是划入蛮夷的，可楚国却出了老子，还能作为他的老师，当如何视之？他没像赞美秦国那样称赞楚国，秦国质朴而强大，他认为，那就是周风。可楚国呢？虽然早就“饮马黄河，问鼎中原”了，但文化上，依旧巫风。不过，这巫风，虽然还带有某种原始荒野气息，但已发展出一种很精致的浪漫主义。巫风注入楚器，使楚器灵动而怪异。例如曾侯乙墓之楚器，就以其幽玄之神秘席卷了中原礼器的庄重和沉郁，犹如老子的道，玄之又玄，无言以喻。老子的道从巫风里来，其恍兮忽兮，无以名，无以言，理喻虽高，却颇有几分巫之味道，如古希腊前苏格拉底哲学，思想触摸了本体论之边缘。很显然，老子的思想来源，与孔子迥异，不属于文、武、周公那一路。他不谈什么仁啊礼，只教人按自然规律办事，不要用价值取向同自然规律对峙。

因此，老子不持有任何政见，这是他与孔子不同的一点。他认为，所有政见都以自我为中心，都要世界围着自己转，若不能如愿，就心怀不满，这样的人多了，天下就会乱。政治本来就是自然的延伸，是自然规律赋予人的一部分，当你冲着自然喊叫："我要，我要……"自然不会改变。老子和孔子，一个法自然，顺应自然规律；一个"吾从周"，守望价值规律。应该说，人类文明要由这两大规律整合，可老子却偏执一端，要做"反者"。他说"反者，道之动"，他这么一"反"，就用自然规律的道"反"掉了文、武、周公以来的道统。

如此"反"方姿态，一如南蛮楚问鼎，表现了一种思想上的入侵意识。老子那么熟悉周礼，却不惜拷问之，并打翻在地。他提醒孔子，不要扛大旗，要放下自己，把自己放到群众中去，一个人对自己要求太高，就难于成全自己，一个人太爱惜自己的羽毛，反而容易弄脏了自己。可孔子有自己的理想，他们各行其是，成了中国思想发展的主要两支。

楚国还有一种东西，比思想更现实，更有实力，在流通中显示其价值。

这块蛮夷之地，充满了湿润的水气，不仅宜于玄思，还宜于商品经济。

不必说楚器发达及其货卖天下了，从楚币的流通，就能看出楚的国际地位。

楚以五金铸币，可谓古来仅有。何谓“五金”？金、银、铜、铅、锡。金五品中，黄金最贵，可楚币之中，偏多黄金。据《管子·轻重》诸篇，我们发现，其时“中国”化世界的国际贸易，黄金唱主角，而金币都来源于楚地。我们这样说，是因为迄今为止，所见出土货币，各国均为铜币，唯楚有金币，于秦、齐等地出土之金币，能确定铸造国别的也是楚币。

试想一下，楚币为国际货币，如美元之于当下，在那时的“中国”化世界流通，各国瞠目而视，见多了帝国主义戎狄，却罕见资本主义蛮夷。因此，还在孔子向老子问礼以前，楚国就想来主宰“中国”化的世界。谈地缘政治，楚是“蛮夷帝国主义”；论商品经济，楚是“蛮夷资本主义”；言思想文化，楚是“蛮夷自然主义”。这三大主义，成为“中国”化世界的大问题。

孔子在《春秋》里，就经常提到“荆”——僖公元年后改称为“楚”，动辄来伐来侵。孔子问礼于老子，便是思想战线上对楚的一次狙击，南北思想界的交锋，就如同当年齐、晋拒楚于中原之外，这一场思想上的争霸战，以老子礼让、西出函谷关而告终。后来，这三大主义都“中国”化了。老子的“自然主义”，在“中国”化的世界里，找不到历史的依据，就从远古的神话里去找源头，找到了黄帝，因此，将老子的思想挂在黄帝名下，发展为黄老思想，就被中国接受了。而楚的“帝国主义”和“资本主义”，则复兴于楚人灭秦复国的大汉帝国，它们结合在一起，打通了西域。西汉陈汤豪言“犯强汉者，虽远必诛”，就还是当年楚人“饮马黄河”的南蛮精神。当蛮夷楚从孔子的视野里出现时，“中国”化的世界究竟有多大呢？就地理空间而言，那也是个两河流域——黄河与长江，比西亚的两河流域要大很多。

尽管禹将这两河流域规划成了九州，可真要按照《禹贡》的蓝图，使两河流域一体化，并建立起一个统一的王权国家，又谈何容易？据说，殷、周势力，曾延伸至长江流域，可都失败了。殷、周都在黄河流域立国，可铜矿却集中在长江南岸，主要在今天的湖北、安徽、江西三省。殷、周都往江南去“俘金”，也就是抢铜，铜为立国之本，不掌握铜资源，立国不稳。“国之大事，在祀与戎”，那时的国家职能，主要是祭祀和战争，祭祀用的礼器，战争用的兵器，都要用青铜制，没有铜，就别谈什么“国之大事”。因此，商王武丁南征，“奋伐荆楚”，荆人多数臣服，少数逃散，溃入山林，两河流域一体化已初现。不料，殷人向东南蛮夷连年用兵，却被周人逆袭。周人从背后给殷人一击，殷人就倒下了。

周人方兴，蛮夷不服，助武庚起兵，兵败，荆人遁走楚地，筚路蓝缕，以启山林，立国为楚。昭王六师，南下伐楚，获铜无数，铸器铭功，好不踌躇！然王师昏昏，以久战之师，入汉水，覆没，王猝死，周由此衰，而楚兴矣。至楚成王时，长江中游铜矿已成楚人囊中之物，楚人国力大增。于是，两河流域一体化进程转由楚人主导，楚人饮马黄河，其势强于周人，周人未至长江，半途而废，而楚人则以席卷之势，问鼎中原，被各国阻击。

孔子所在的世界，就是“黄河—长江”两河流域一体化进程中的世界，卷入其中的国家，有文献记载的，就有一百五十多国，当然，还包括了戎狄和蛮夷。这个世界，以周初分封的黄河边的中国为主体，有了楚国加入，就包括了长江流域。这一历史进程，反映在《春秋》里，我们发现，一百五十多国中，仅有七十个国家进入历史，而作为蛮夷的楚国，居然出现了 143 次，除了老牌的封建国家，如齐、晋、郑、卫、鲁等，楚无疑最受重视，因为它成了中国的问题。而同样是老牌的分封国燕国，在《春秋》里只出现了一次，大概是因为燕的地理位置在黄河以北，不在两河流域之间，不在秦岭—淮河那一线——王朝生命线上。

一体化进程，离不开贸易和文化交流，但最主要的动力，还是战争。古代世界，国民收入主要来源于战争，发展生产，不如发动战争，贸易只是作为战争的补充手段，因此，兼并战争频繁。顾颉刚、史念海著《中国疆域沿革史》，就有章节谈到这一时期的兼并战争带来中国疆域的演变：大河以北悉入晋封，汝颍以南皆成楚境，秦凉周边尽为秦疆，而胶东一带化为齐土矣。其时，战争重心，在两河流域之间，楚兴于前，吴、越崛起于后，乃长江流域与黄河流域的争霸战。争霸，不光用武力，还要用文化，故楚虽蛮夷，但文化不下于齐，而季札之学术与范蠡之文章，其简约秀美，一如吴、越之境，不让中原风水。

战争的目标，乍一看是争霸，而实质上是一种历史趋势的表达，即两河流域一体化。霸主一个接一个倒下，田氏代齐，齐倒了，三家分晋，晋倒了，吴、越后来居上，但最终还是被楚国吞并了。为什么楚是春秋争霸战的大赢家？结论只有一个，那就是“中国”化的历史使命选择了它，楚文化的新元素进入了“中国”化世界，在两河流域的广大地区，出现了一种二元耦合的新文化。在地理方面，南江北河耦合；在神话方面，南炎北黄耦合；在象征方面，南凤北龙耦合；在思想方面，南道北儒耦合。得江山之助，楚有取之不尽的铜；得地理之便，楚能直取中原。从长江中游到黄河中游，这一线，是青铜时代中国文明的中轴线，就在这条线上，走来了两个伟大的人物——老子和孔子，他们携手，引导中国文明，走向仁义世界，进入道德本体，启动了中国文明的轴心期。孔子的道很大，没有一国能放下，可他并没有“乘桴浮于海”，因为他发现了新世界，那就是在辽阔的两河流域里形成的新世界，他的道为新世界而立。老子的道更大，可它是宇宙的本体，所以，放在哪里都适宜。

孔子“吾从周”

《诗经·小雅·正月》有一句颂诗“赫赫宗周”（显赫盛大的周王朝），这“显赫盛大”，在孔子的视野里，是“郁郁乎文哉”，如今从周朝所留下的甲骨文、金文与简牍等历史文献，以及周朝所羁疆域内出土的各类文物，都为孔子“吾从周”做了丰富的补正说明。“文哉”王朝，礼乐之邦，诗歌之国，以民为本的乌托邦。有人说孔子是商王族的后裔，在周朝受到排挤，而不得出仕，所以周游列国，张扬周礼。

其实，孔子不见用有很多原因，但他为周礼决不妥协的态度，恐怕恰恰是他不合时宜的最大因素。他所处的时代要反抗西周的文物制度，“下克上”是对“郁郁乎文哉”的叛逆，“礼乐征伐”不再由天子出，而是由诸侯乃至于士大夫出，规格下滑，礼仪瓦解，秩序松懈，在构成新秩序之前，旧社会的精致开始混乱粗糙起来。“不学诗无以言”的土豪以及新贵，在滋养他们的新时代或由他们创造的新时代成熟之前，在忘记和忽略过去中，成为新旧交替夹缝间的尴尬一代。如今从出土的西周文物看，才会明白孔子所要从的“郁郁乎文哉”的西周，的确是一个可供审美的文质彬彬的君子时代。

孔子周游列国，未出五服，皆为周礼所披之领地，周初封建的中国领域，“吾从周”是他的价值取向，也是他的行动路线。

母子虎青铜雕塑，高 10 厘米，长 20 厘米，重 1.508 千克，陕西省宝鸡市茹家庄窖藏出土

母子虎青铜雕塑造型精致，为母虎衔着虎子，写实生动，表现了西周人对长幼之爱的体贴，在观念意识上与殷商的“虎食人卣”形成鲜明的对比，截然两种气质，一个狞厉恐森，一个温馨慈爱，表明西周人已有伦理意识的人文关怀。

㺇簋，口径 22cm，重 5.5 千克，陕西省宝鸡市扶风县庄白村出土

㺇簋为西周中期穆王时代的青铜器，两耳各探出一只昂首立鸟，主体纹饰为流畅的凤鸟纹，典雅端庄，温良和睦，不见殷商时期兽面纹的“狞厉”气息。内铸铭文，大意为：六月初吉乙酉，㺇率领军队在已故母亲的庇佑下，打败了进犯的戎人，斩敌首一百，俘虏二人，缴获兵器一百三十五件，救出被戎人俘获的我兵一百一十四人。㺇因此作器，纪念此战役并感恩母亲，祈天永福，日夜尊享，子孙永嗣。美器之中寓意孝的精神。

师𩛥鼎，高 85 厘米，口径 64.5 厘米，腹深 37.5 厘米，重 106 千克，
陕西省宝鸡市扶风县强家村窖藏出土，陕西历史博物馆藏

师𩛥鼎纹饰简洁，气宇内敛，静谨自威。铭文记述了西周共王八年，王册命师𩛥掌王畿宫廷职务，师为答谢周王，铸鼎铭记。师𩛥首先怀念先祖烈德，祈求先祖永葆子孙享德，训诫子孙勤俭修德，才会不败，并感谢周王及伯太师对自己的提拔。有趣并值得注意的是，全文 196 个字，“德”字出现七次，通篇都在强调“德品”，见证了西周“德治”天下的政治风格以及意识形态的把手在于“明明德”，而所谓“德治”才是“郁郁乎文哉”的核心，是孔子奔车之上、如丧家之犬而不悔的支点。

南宫乎钟，高 55 厘米，铣间 20 厘米 × 28.5 厘米，舞部 16 厘米 ×24 厘米，舞部钲间 20 厘米 ×28.5 厘米，重 28.5 千克，陕西省宝鸡市扶风县豹子沟出土

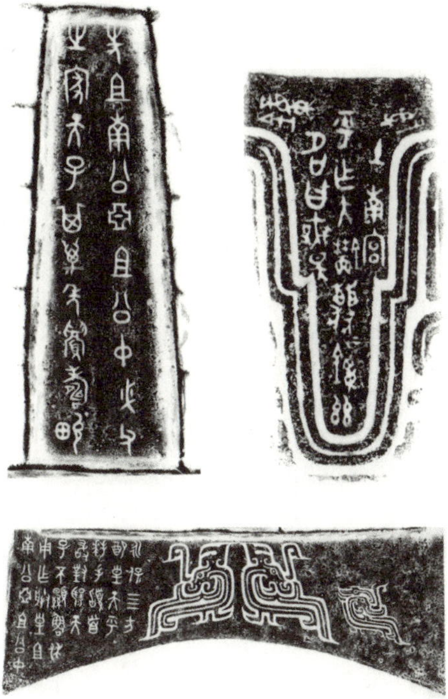

南宫乎钟局部铭文拓片

南宫乎钟是西周晚期的击打乐器，是一位名叫南宫乎的司土大夫，为感谢周王的恩赐，铸作此钟，并以此钟祭祀祖先。铭文在正面甬部、钲间及左鼓（左下角）。右下角又称右鼓，刻有象鼻龙纹，其实是标基音的符号。铭文有落款：司土南宫乎作大林协钟，此钟名曰无斁。

周礼是西周治理天下的一套典章制度，西周人在制礼时还要作乐。制礼作乐才是一套完整的礼乐制度。不同仪式配以不同的音乐，如祭祀、宴饮、出征等都有严格的奏乐规定。同时贵族必须掌握“诗书礼乐御射”六艺，战时擅骑射，平时以礼治国，外交吟诗用典，祭祀时雅乐颂圣歌神。西周每一个士大夫家都要配备钟磬乐人。所谓“钟鸣鼎食”之家，是指有身份的人家，必有殷实的青铜鼎蒸煮食物，必有钟磬奏乐之仪，以示“民以食为天”的天大之事，表明礼乐与生活的密切关系。

四十二年（前786）逨鼎，西周晚期宣王时代的鼎器，为表彰逨祖先有功于周邦，周宣王册赏逨，宣王说：“逨，丕显文武，膺受大命，匍有四方。”“乃先圣祖考，夹绍先王，恭勤大命，奠周邦。余弗暇忘圣人孙子。”“乃先祖，有功于周邦”，又“汝不畏戎”，“汝敏于戎工，弗逆朕亲命”……随后宣王宣布，赐给逨祭祀祖先时的鬯酒，并分别赐逨两块封地“卅田”与“廿田”，即一块为三十田，一块为二十田。逨为感谢宣王而作“四十二年逨鼎”，此鼎腹部装饰流畅的波浪纹，取代了以往狞厉的兽面纹，中间有一目纹亦不见凸起。圆目而凸出的“臣字目”，从西周早期的青铜器或玉器上几乎变形或消失，间或偶有，但也褪去了震吓的狞厉。如陕西省宝鸡市竹园沟強国13号墓出土的“人头銎内钺”，钺刃部位的臣字目，因孤立而锋芒有所收敛，表明周人的祭祀礼器不再单纯威吓，而是趋于典雅庄重之礼。在装饰上，更加突出线条的流畅与优美，悄然间显示了某种人文情怀的审美。如单叔鬲主体纹饰为独立的卷龙纹，单五父壶主体纹饰突出为波浪纹与龙纹。

四十二年逨鼎铭文

四十三年逨鼎铭文

有趣的是宣王四十二年封虞逨册赏之后，宣王四十三年，即转年，对逨又举行了一次册赏，册命文字仍先回忆逨祖先有功于周邦，又说去年曾册命逨辅佐荣管理四方山泽虞林，今年还要增加逨的职事，管理“历人”——异姓投降部众，诫以施政原则的同时，赏赐逨车马命服、秬酒一大卣，逨为谢恩再铸逨鼎，而且是一发不可收拾，共铸造四件“四十三年逨鼎”，比“四十二年逨鼎”依次微缩几厘米，一个比一个微小，器型纹样一如前鼎。

上尊下谦、上慈下忠的西周，郁郁乎文哉，文物制度不胜凡举，令孔子仰慕不已。然而旧秩序与旧的利益分配制，令新晋权贵们难以忍受，而太过严谨、庄严、典雅的礼乐制度也令对此生疏的新生代难以为继。不知孔子是否看到了，在新生代身上，“郁郁乎文哉”的西周，余下的时间已屈指可数。

瘐钟及其铭文，陕西省宝鸡市扶风县庄白村 1 号窖藏出土，宝鸡市周原博物馆藏

万年曰鼓

不管孔子个体意志如何，他周游列国以“弘道”，还是想为王朝的江山打造一个理想国。当他老而思归时，又重回个体，闭门述《春秋》，将“郁郁乎文哉”的价值观录入历史，使西周的典章文物之道得以在文化的江山里传播。

在陕西省扶风县发掘了一座青铜器窖藏，称“庄白 1 号”，其中出土了 14 件瘐钟，上有铭文：瘐作协钟，万年曰鼓。表明西周人已经有了万年万世的意识，但作为王朝中国的西周仅存在了二百多年，可我们今天还在说它，还在为它留下来的典章文物而兴叹，表明两千年前周人所关注的具有人类性的问题，仍是我们继续关注或悬而未决的问题。不过，至少我们今天能够明白的是，历史留存下来的，应该是文化江山里的事儿。

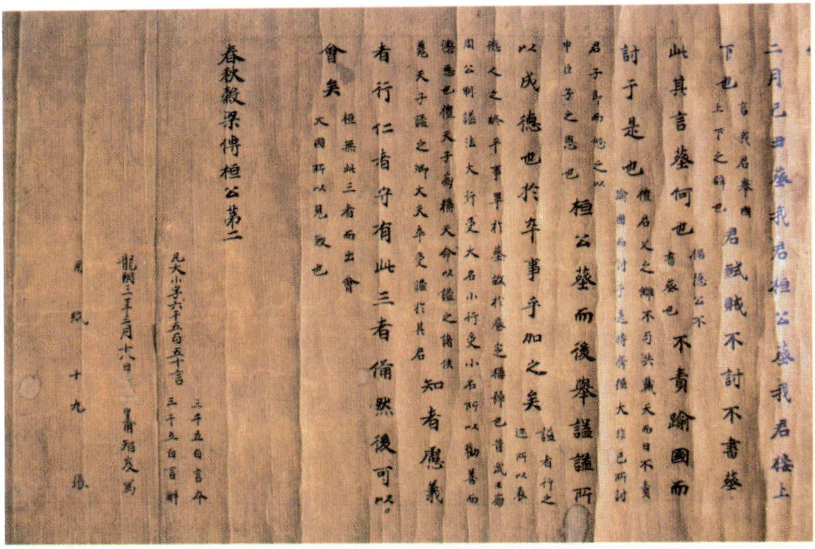

唐写本《穀梁传》，唐龙朔三年（663）三月十八日皇甫智岌写，1900年在甘肃省敦煌莫高窟藏经洞被发现，卷长89.7厘米，框高21.1厘米，现藏中国国家图书馆

孔子作《春秋》

孔子划定了文化边疆，便开始着手将它纳入历史的范畴。

他派弟子子夏出游，访求周史，据此加以删削，著成《春秋》。

因此，《春秋》不是鲁国史，而是中国史，是孔子的世界史。

这本中国最早的编年体史书，记述春秋一百多个国家的大事，从鲁隐公元年（前722）开始，至鲁哀公十四年（前481），记录了241年的历史。

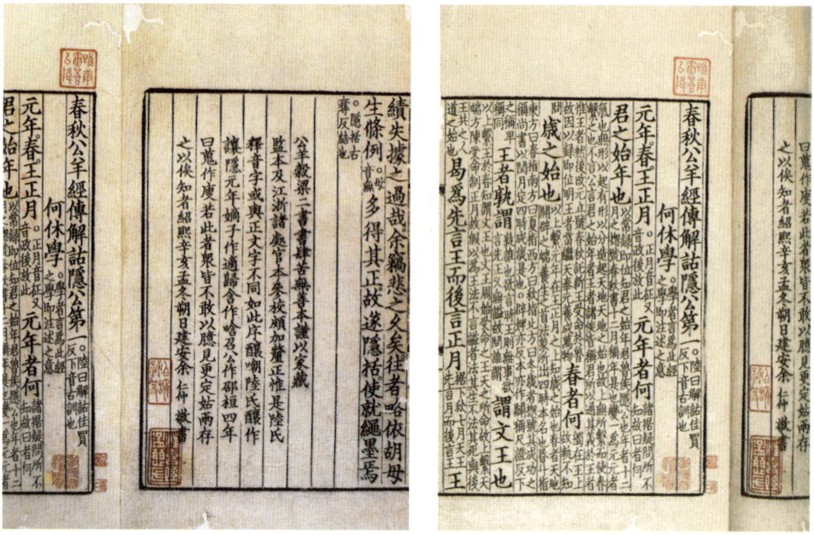

宋刻本《公羊传》，汉何休撰写《春秋公羊经传解诂十二卷》，唐陆德明音义，宋绍熙二年（1191）余仁仲万卷堂刻本，框高 18 厘米，宽 12.5 厘米，现藏中国国家图书馆

臣弑君，子弑父，“下克上”之风行于世，血腥味浓，故孔子作《春秋》，而乱臣贼子惧焉。《春秋》纪事，最短一字，最长不过四十余字。春秋言简，后多有为《春秋》作“传”者，以注解的方式不断为《春秋》补充，比较著名的有《左传》《公羊传》《穀梁传》，为《春秋》三传。

北龙南凤舞春秋

2000年前后，《中国国家地理》杂志从文化地缘上，对长江和黄河二水系进行了考察，发现地理环境对人类文化形成的影响，是一种非常有趣的现象。从水系上看，他们有一个巨大的发现，具象化后，长江居然像一只飞舞的凤，黄河水系则如虎。不过，按着传统习惯，称黄河龙似乎更为贴切。

春秋以来，天下大势，黄河之龙首是山东的齐国，龙腰是晋国，而龙尾则属强秦。

长江中下游以北至江淮，基本为楚国势力范围，以南则有吴越。正如楚人庄子所赞美的大鹏，那就是长江凤，扶摇直上九万里。其强大时常北上，饮马黄河，问鼎中原。黄河与长江，龙飞凤舞，走进灿烂的轴心期，历史走到秦汉，仍是长江与黄河的较量，终至于楚汉统一天下。

龙凤斗

湖南长沙陈家大山战国楚墓出土的人物龙凤帛画中梳髻的贵族女子，身着云纹绣衣，正在祷告。

很显然，她是在为凤祈祷，龙凤相搏，凤占了上风。这幅画似乎也很有当时国际局势象征的意味。

凤主导了画面，楚人这样画，可黄河边上的人会答应吗？

帛画，是在丝绸上画，楚人在质地柔软的丝绸上，一展凤舞张力，那是来自长江边上的狂放之姿。

凤与长江共氤氲，带有几分水色的浪漫、巫风的忧郁。浪漫是诗性，巫风是神性，诗性加神性赋予楚人更多的自由气质，激发他们的想象力和创造力，在政治上和艺术上，奠定了文化中国的底蕴。

曾侯乙编钟，高 273 厘米，宽 335 厘米，架长 748 厘米，总重量 2500 千克，湖北随州出土

有声有色的古墓

武汉附近的随州擂鼓墩，有一座墓葬很有名。

墓主名叫乙，是位小侯国的国王，其国名曾，所以叫曾侯乙墓，在战国初。擂鼓墩之名，得自一个传说，说楚庄王讨伐随国时，曾在这里擂鼓激战。《史记·楚世家》有楚昭王奔随的故事，说公元前 506 年，吴王阖闾得楚人伍子胥之助，五战五胜，一举破楚，楚昭王兵败逃到随，被随侯接纳并保护。

1978年就在这个擂鼓墩下，却发掘出曾侯乙墓。墓中，出土了15 404件随葬品，不仅数量大，而且精美。有礼器、乐器、兵器、车马器、金玉器、漆木器及竹简等，大部分都是曾侯生前所用之物，而非死后陪葬的冥器。

那一套震惊世界的编钟，就出自这座古墓。65个青铜编钟，大小有序，依次排列在彩绘漆木架上。编钟总长度超过10米，呈曲尺形摆放，分三层八组，每层的钟形各不相同。最上层的叫钮钟，19件；中间及下层的叫甬钟，45件；另有一件，是楚惠王赏赐的镈钟。它们的大小相差很大，最轻的一

曾侯乙编钟佩剑武士钟托

件只有2.4千克重，最重的一件达203.6千克，整套编钟的重量为5吨。

六位青铜佩剑武士，托起华丽的漆木横梁，威武中透出巫风。

演奏时，三人双手执丁字形小木槌，敲中、上层编钟，另有二人，各持长215厘米、粗6.6厘米的彩绘木棒，撞击下层编钟，高中低音交响的声波，层层扩延，加以战士欢呼，丽人狂舞，众人合唱，一曲王侯欢乐颂便奏起来了。

每个钟体上都刻有错金篆体铭文，正面刻“曾侯乙乍时”，意为“曾侯乙作”，背面有相应的乐律名，编钟上的铭文，有3755个字，记载了有关乐律的专业知识。

楚王酓章镈，楚王赏赐曾侯乙的镈钟，通高 92.5 厘米，口长 60.5 厘米，重 134.8 千克，战国时期，湖北随州曾侯乙墓出土

有一件编钟，悬挂在钟架下层正中，地位显赫，就是那件楚惠王所赐镈钟，上有三行三十一字铭文，说的是公元前 433 年，酓章即楚惠王熊章，专门为曾侯乙做了这件镈钟，让曾侯永世享用。镈钟悬挂于最下排的中间，显然此处原来是一件与两侧协调的甬钟，为了彰显对楚惠王的尊重，甬钟已被移开。

楚惠王是楚昭王的儿子，也许是为答谢曾侯乙的救父之恩，赐此镈钟一件。可随侯做事，曾侯受赏，那件镈钟做证，曾、随两国名，同时同地出现，似可确认其为一国。但是随侯、曾侯是否为同一人？还不好说。“随”改“曾”，谁来改？“随”为周天子所封，当年楚昭王奔随，吴王追来，对随侯说，周天子分封的子孙，都被楚国灭了，你也是周天子的后裔，何不将楚王交出来？

还在先王时代，就有太伯奔吴，据有吴地，以东南一隅，战于江淮，牵制殷商主力，后来武王伐纣，实乃乘虚而入。灭商以后，太伯之裔，或封于吴，或封于虞。“虞”为北方之吴，其象形者，乃吴人披着虎皮来也。虞邻于晋，仍被晋人目为夷，终为晋所灭矣，以其不智，还留下一段唇亡齿寒的故事。

“郁郁乎文哉！吾从周。”成了吴王阖闾践履的旗号。这次他攻入楚国首都郢，欲尽复周天子封地，言之随侯。随侯却答道：随与楚乃世好，一直被楚国关照，今楚有难，我不敢背叛。你先去搞定楚国，我再来追随你。当年江汉流域曾分布着不少周天子分封的姬姓小国，多为楚国所灭，而吴破楚，乃以小胜大，以弱胜强，难以独吞，故欲发动诸姬姓小国复国，以裂楚、分楚、亡楚。

吴王煽动了一番，看来煽不动，就撤兵了。也许楚兼并诸姬姓小国，非以打打杀杀，很可能是以收买为主的。楚乃金币之国，且为青铜原料产地，有足够的资本来收购。姬姓小国，原来靠周天子，天子靠不住了，转而傍大款去，楚强而富，乃国之翘楚，当然靠得住。孔子著《春秋》，以楚为帝国主义，可他周游列国，也跑到楚国去，人在流通领域，跟着通货走，是不知不觉的。

古文献里没有曾国的记载，也许是楚国之附庸，后来为楚所灭。

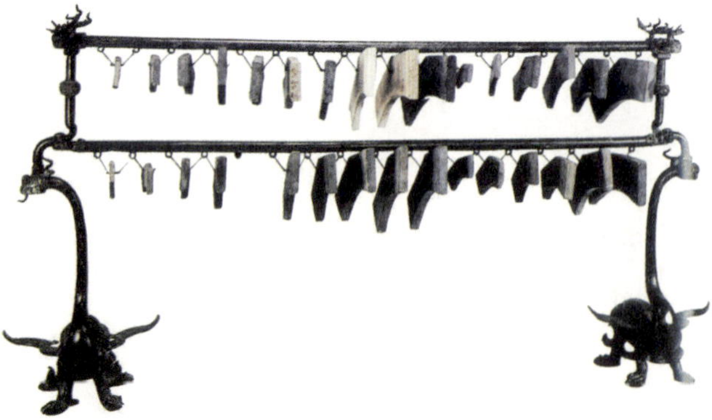

曾侯乙石编磬，通高 109 厘米，宽 215 厘米，战国时期，湖北随州曾侯乙墓出土

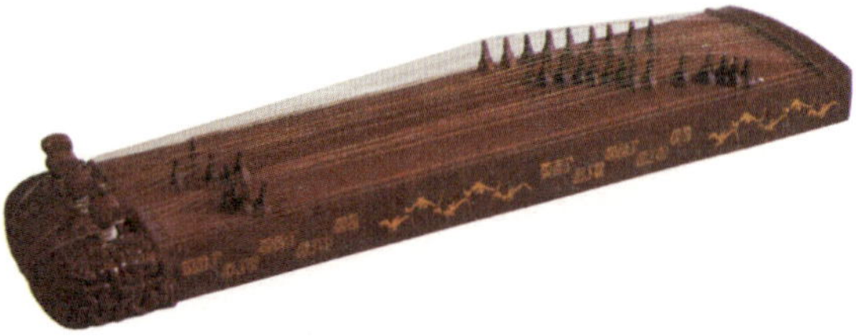

彩漆二十五弦琴，又称颂瑟，长 167.3 厘米，宽 42.2 厘米，中高 13.7 厘米，两侧高 11.1 厘米，湖北随州曾侯乙墓出土

在这座豪华的地下宫殿里，竹简和木简记载了乙去世的日子，还有随葬品清单。其生前荣华，由此可见一斑。墓如地下宫殿，有四个墓室，中室为正殿，东、西、北各有一室，南、西两壁，除有两套编钟，还有一套编磬，另有 125 种乐器，琴、瑟、鼓、笙等，各安其位，将它们合奏起来，就是古人常说的“钟鼓之乐”“金石之声”了。东室还有琴瑟笙鼓多件，依傍墓主，多半是在寝宫内的“琴瑟之音”。

这么多的乐器，谁为之抚弄？随乙陪葬的，还有 21 位妙龄女子，使得本来阴森森的墓里居然成了有声有色、轻歌曼舞的多情世界。

墓主乙约 45 岁，人殉美女，小的 13 岁，最大的，也就 25 岁，仲尼曰：“始作俑者，其无后乎！”人性觉醒，人道初立后，连以俑殉葬都以其“象

彩漆五弦琴，长 115 厘米，高 4 厘米，首宽 7 厘米，尾宽 5.5 厘米，湖北随州曾侯乙墓出土

人”而被诅咒，何况以真人殉？故其时陪葬，多以牲殉，这墓里就有狗殉，还配了榆木棺。人殉之棺，也是榆木的，饰以彩绘。

乙如此爱美，似非残忍之人，然以美人来殉，便在当时，也算残忍。乙之棺，为青铜架楠木彩绘，旁置“九鼎八簋”，可见礼崩乐坏，不但坏在时势，更坏在人心，恰如这位曾侯乙，生不敢问鼎，死了也要过一把僭越的瘾。

按礼制，天子九鼎八簋，诸侯七鼎六簋，大夫五鼎四簋，作为随侯，他为天子所封，只能享受诸侯待遇。可曾侯乃楚王所封，楚王早就在光天化日下问鼎之轻重于中原了，他跟随楚王，在地下弄个九鼎八簋什么的摆放一下，况且还是天知地知我知，也就无所谓了。由此可知，饱暖思淫欲，更思权欲。何况在一个不鼓励也无法原创的社会，财富只有供个人无限奢靡。

随侯和曾侯，据我们猜测，应该就是一人，很可能是两种称呼并用，对外称随侯，在楚国内部称曾侯，脚踩两只船，一人挂了两块牌子。

随侯那块牌子，借了阖闾之光，被历史的一瞥照亮。曾侯乙的名头，史无记载，却被考古发掘出来，谁能想到这个像阿斗乐不思蜀那样乐不思周的家伙，能在历史上留下如此分量，连不可一世的楚惠王也要来借他的光？

彩漆笙，斗高 20.8 厘米，口径 2.7 ~ 3 厘米，腹部周长 29 厘米，壁厚 0.35 厘米，吹管长 13.8 厘米，湖北随州曾侯乙墓出土，这是年代最早的笙，是研究中国民族乐器的珍贵实物资料，现藏湖北省博物馆

我国两河流域，出土了不少青铜时代的重器，论到“精美绝伦”四字，还要数曾侯乙墓第一。楚国虽富，再富也经不住穷兵黩武，所以楚王反而不敢厚葬，反倒是那些被解除了武装的小国，在金币之国的庇护驱动下，活着积累财富，死了带走财富，不图建功立业，但求为一富乐侯而自足。

儒家主张厚葬，墨子却说，厚葬亡国。厚葬好，还是简葬好？要看怎么说，就当时国之存亡而言，当然是简葬好，可从文化传承来看，还是厚葬好，让后人发掘出来，未尝不是一种“存在主义”？当思想要偷懒时，我们不妨借助黑格尔的一句名言：存在即合理。存在放出温润的光芒，那是美留住了时光。

作为一个土生土长的小王侯贵族，其墓也是土生土葬。那些他生前所用的奢华器皿，有一种浪漫而幽玄的神秘，以巫风楚韵演奏交响乐的气势，席卷了中原礼器的庄重和沉郁，犹如老子的道，玄之又玄，难以言喻。

曾侯乙盘匜，匜高 13.4 厘米，口径 18.8 ~ 19.4 厘米，盘高 12.8 厘米，
口径 41.6 厘米，湖北随州出土

曾侯乙升鼎，高 35.5 厘米，口径 45.8 厘米，重 19.7 千克，湖北随州出土

曾侯乙盘匜是椭圆形灌洗器，全器镶嵌龙凤勾连纹、鸟首龙纹、云纹等，内地托铭文：曾侯乙作持用终。匜出土时置放盘内。

曾侯乙升鼎是青铜食器，外侧有四条龙形装饰，龙口衔器沿，器表镶嵌勾连云纹、鸟首龙纹，有铭文七字：曾侯乙所作用器。出土时鼎内有兽骨。

曾侯乙尊盘，尊高 30.1 厘米，口径 25.0 厘米，盘高 23.5 厘米，口径 58.0 厘米，湖北随州出土

曾侯乙尊盘在整个战国时期，都属于非常独特、奢华的尊型，上尊下盘合为一体，亦可分置，到目前为止仅此一件。装饰有立体透空的蟠虬纹花环，以及多种繁密精细的纹饰，如蟠螭纹、涡云纹以及上述纹饰的变形纹等，若空中游龙戏云朵，难以形容，莫可名状；工艺复杂程度在当时是先进技术的代表，以失蜡法为主，兼用焊接、榫接、铆接等技术，工艺精绝。盘上有铭文：曾侯乙用器。可见，曾侯乙生前对用器的考究及其鉴赏水准之高。

曾侯乙冰鉴，鉴通高 63.2 厘米，口部边长 62.8 厘米，缶通高 51.8 厘米，口部边长 23.8 厘米，勺长 84.0 厘米，湖北随州出土

曾侯乙冰鉴是冰酒器，全器由方鉴、方尊缶组成。方鉴有镂空盖，方尊缶置于方鉴内正中部，并设有固定装置。在方鉴与方尊缶的空隙之间，放置冰块，即可冰酒。全器纹饰有浮雕、透雕、平雕以及高浮雕等工艺，纹饰繁密精美绝伦，技术惊艳当世，被称为战国时代的“冰箱”。内有铭文：曾侯乙持用。

曾侯乙蟠龙鼓座，通高 50 厘米，底径 80 厘米，重 192.1 千克，湖北随州曾侯乙墓出土

乐器底座，由纷繁的蟠龙构成圆堆状，内里镂空。整器采用高浮雕、浅浮雕、阴刻等工艺手法，技术上使用了分铸、铸接、铜焊、镴焊、镶嵌等复杂的对接，是铸造工艺与艺术结合的典范。

错金银鹿角青铜立鹤，通高 143.5 厘米，座长 45 厘米，座宽 41.4 厘米，重 38.4 千克，湖北随州曾侯乙墓出土

鹤是神鸟，寓意祥瑞，鹿是长寿的象征，将两者合为一体，是祥瑞叠加长寿，楚人好巫祈福的想法浪漫夸张，祈福的造型也浪漫夸张，但比例舒适，可见他们观察世界的眼光是有审美的，也是精准的，是神性与理性的妥帖吻合。鹤首镌刻铭文“曾侯乙作持用终”。

楚金币“郢爰”

郢爰金钣，长7.4厘米，宽6.9厘米，厚0.35厘米，重260克，安徽六安出土，安徽省博物馆藏

金币之国

“郢爰”是楚国金币中最多的一种，流通范围很广。由于金币是贵金属，因此只有王公大臣才拥有铸造权。上图印模是楚平王之孙白公胜受封期间为制作金版所用。楚国的黄金生产由官家垄断，“郢爰”表明了官铸，是黄金的真伪与成色的信誉保证，有利于跟踪整版被切割后的使用。

春秋末期，使用金币也是楚国首开风气。

史载，楚有汝、汉之金。那两条流金的汉水与汝河，日夜奔流，流过了江汉平原。原来巫风楚韵问鼎中原，是有黄金做支撑的。

金币、金版上镌“郢爰”或“陈爰”印记，或割痕明显。

“爰”为重量单位，支付时，切割成小方块，称其重量，又称“称量货币”。称量货币需要根据支付数额随时改变重量。

郢为楚都，陈亦为楚都城，陈爰应为楚迁都于陈时所铸。公元前278年，秦将白起破郢，楚迁都于陈，还能造金币，可想其国力之深厚。

楚爰，是当时中国唯一流通的金币，安徽的合肥、庐江、六安、广德、阜南、寿县、临泉，陕西的西安、咸阳，以及江苏的南京、江阴、沛县、丹阳、江宁，都有这种金币出土，最大重610克，镌有54个“郢爰”印记，一般

垂丘金版是战国时楚国黄金货币，但极为罕见，目前所见仅此一块。
垂丘为古地名

郢爰金币印模

重 280 克左右，镌 10 到 20 个印记。金币让楚国在两河流域一体化进程中发挥了举足轻重的作用，《春秋》记载楚国 143 次，连“吾从周”的孔子，都跑到楚国去了。

不知怎地，后世中国历朝历代，都不再使用金币。

是用不起了，还是货币观念退化了？兼而有之吧。

05

文化的边疆

—— 太史公方舆

秦汉时期，中国的两河流域，终于被中央集权制统一了。

孔子和老子，也被“圣之时者”统一了，这位“圣之时者”是司马迁。

司马迁要统一孔子和老子，他的精神是儒家的，而思想却是道家的，他要在两者之间，建立起真正的统一性，即崇高的理想性与广泛的适宜性的统一。

他要把儒学与黄老思想真正统一起来，一反汉武帝搞的“霸王道杂之”。后世所谓“儒道互补”，从司马迁开始，面对先师，他充满了敬意，而汉武帝，则更像一位玩政治的杂耍大师，用帝王术玩耍先师，这不足为奇，因为他有绝对的权力。

此二人，一为王者，要求绝对统一，一为思想者，要在思想中统一。思想之统一，乃于多元参差之中取平均值，故其精神仰慕孔子，而思想取法老子。

司马迁继《春秋》而作《史记》，若以《春秋》为汉家立法，那么《史记》则为汉家建制；若以《春秋》为中国立史，那么《史记》就为中国建立史系。

因此，《春秋》很深，而《史记》很大，大到什么程度呢？

司马迁自称“究天人之际，通古今之变”，而统归于“一家之言”。

这就颇有自诩王者的意味了。孔子著《春秋》，代王立言，所代者乃先王，而非当时之王，所以，被人称为“素王”——行走在先王之道上的文化中国之王。太史公也代王立言，所代者非先王，亦非当时之王，乃“素王”，在文化中国里，他也是王者。

然而，他的历史视野，却越出了两河流域，落在了唐晓峰在《人文地理随笔》中所说的国家起源的“地理机会”即“司马迁线”——“龙门—碣石线”上。这一线，西起吕梁之南端龙门山，向东北延伸，越过霍山，再往东北行，直至河北昌黎，抵达渤海湾。这是一条农牧业分界线，而文明初期的亚洲内陆国家，多半就在这条分界线上诞生。

据说，司马迁本人，也是在这条分界线的起点上出生的，因此这条线也可以说是他本人的一条命运线，故《太史公自序》曰：“迁生龙门，耕牧河山之阳。”

此“龙门”在何处？一说在陕西韩城，一说在山西河津。唐代张守节《史记正义》说，龙门山在夏阳县，今韩城。韩城嵬东乡徐村，有冯、同二姓，均自认为太史公后裔，声称原为司马姓氏，因司马迁受宫刑，后人改了姓氏，在司马的“司”字左边加一竖，成为“同”字，在“马”字左边加两点，成为“冯”字，并有司马迁庙为证。而另一说则认为，龙门之地，就在山西河津，黄河自西北而东南，出禹门口，急转弯，由北而南流去，这一带，正是司马迁所说的“耕牧河山之阳”处。据悉，此处曾有“汉太史司马故里”碑，至今仍有司马姓氏的居民。两地相望，只隔一条黄河，也许当年司马迁受难，族人觉得蒙羞，而耻与为伍者，自河津向西南迁过黄河，把姓氏都改了。当然，这只是一种猜测。

也可以这么说，即使命运将这个不幸的家族分在了两处，其也是一体的，就像华山在陕西，中条山在山西，中间被黄河分开来一样，古人依然认为两山一体，东汉石碑铭曰：夫中条之山者，盖华岳之体也。而“耕牧”

二字表明，龙门一带是农牧分界线，“河山”际会于此，孕育了国体。由河津沿汾河上行，不远便至襄汾，有陶寺文化遗址。陶寺文化，自临汾以下，由北而南，沿汾河下游分布，这一线，有襄汾、曲沃、侯马、稷山，直至河津——汾河进入黄河之口——都有该文化遗存，此地宜于“祖述尧舜”。

临汾，古称平阳，历来就有“尧都平阳”，禹“又都平阳”之说。而陶寺文化遗址，恰好处于临汾之中心区域，考其年代，其早期很可能与尧、舜、禹时期的国家起源有关。考古发掘表明，陶寺文化中期，已经产生了作为“王都”的“都邑”——国。

然后，沿汾河南下，经过汾运盆地，翻越中条山，渡黄河，进入豫西平原。汾运盆地，位于山西临汾和运城两地，西面有吕梁山，东南有中条山，北有太岳山，来自吕梁山的汾河从盆地流过，在与浍水合流的三角地形成了盆地的核心区。山与盆地成了文明的摇篮，河流成了文明的乳汁。一如竺可桢在《天道与人文》中所言，文明起源时，大都很脆弱，待其成熟，要有漫长时间，其间，如有蛮族入侵，“则一线光明即被熄灭”，所以，有幸成长起来的文明，都有一定的封闭性，或处于干燥的半沙漠地带，或为“四塞之国”。

在汾运盆地里孕育的文明，就是这样一个农牧分界线上诞生的四塞之国，它头枕着吕梁山脉，立足于中条大壑，在汾河流域成长起来，文明一生长，盆地就变小了。

文明长大了，同汾河奔向黄河，一个伟大的人物应运而生！他就是禹，脚踏龙门，四望河山，开始了“禹治山川”的国土规划和国家缔造工作。犹如传说中的鲤鱼跳龙门，陶寺文化冲出汾运盆地——夏！夏，就是大。黄河比汾河大，平原比盆地大，天下多大，规划天下，就是夏。夏要解放河流，让文明跟着河流走，以流域为国家，这就是夏。

传说，禹凿龙门，让黄河流过，自由的黄河，为文明造血，造就了华夏中国。在黄河流域留下了文明的遗迹——二里头文化，据说，那就是“最早的中国”——夏。

谈司马迁，却写夏文化，难道孔子是“吾从周”，而司马迁是“吾从夏”？

那一条从龙门出发，伸向东北，直至海边的“司马迁线”，引出了夏文明的起源，还引发了一种新的历史观——天下一家，这是立于农牧分界线的亦农亦牧的观点。

天下一家，在孔子那里，还是一种文化理想，在司马迁那里，则成为历史观。如果说孔子的中国视野，主要还在两河流域（那时，两河流域的统一是最大的问题），而司马迁的中国方舆，已不再是两条河的流域，它多了一条线——“司马迁线”（长城就在这一线）。

到了司马迁时，两河流域的统一已不再是问题。秦统一中国，就是统一两河流域；后来楚汉相争，也是争两河流域；汉初统一的最后一战，高祖战英布，还是在两河流域；而吴楚七国之乱，则是两河流域历史惯性的一次大反弹，此次平乱之后，东南一隅，江淮流域，才被王权彻底搞定，“两条河流，拥护一个王权”的目标，才得以完全实现。

太史公的目光，遂转向东北长城内外的区域，那里有茫茫草原，目光所驻，视野所及，出现了一条新的历史地理线——“司马迁线”。历史证明，那条“司马迁线”，便是一代王朝成长为一个帝国的利益线，也是游牧民族入主中原的运势线。控制那一线，就能把握地缘政治的主动权和历史进程的主导权，史前时期的红山文化就曾活动在这一线。

还有一条线，也是司马迁指出来的，在《史记》卷十五《六国年表》中，他这样说道：“或曰‘东方物所始生，西方物之成孰’。夫作事者必于东南，收功实者常于西北。故禹兴于西羌，汤起于亳，周之王也以丰镐伐殷，秦之帝用雍州兴，汉之兴自蜀汉。”

这是“从东南到西北”的一线，是一代王朝的生命线。“东南”指江淮流域，“西北”到陕甘地区，与长城内外“龙门—碣石”一线的“司马迁线”一起相交于中原。

当时，汉家天下，便得之于“从东南到西北”的王朝生命线，但汉初立足未稳，因为那时匈奴已活跃于长城内外的“司马迁线”，趁着秦汉之际的动乱雄霸草原。

太史公在《史记》里说，自三代以来，匈奴就是中原的祸害，而他作《匈奴列传》的目的，就是要“欲知强弱之时，设备征讨”。可他又说，匈奴人“其先祖夏后氏之苗裔也，曰淳维”，而这个“淳维”，就是夏桀的儿子，史称夏桀无道，被商汤夺位，伐于鸣条——今河南开封或封丘一带，放于南巢——今安徽巢湖市，死后，其子迁往北野。

匈奴是夏族的浪子，这样就为和亲提供了依据。在同祖的名义下，形成血缘共同体。为此，司马迁建立了以血缘认同为基础的炎黄子孙的帝王谱系，不光是匈奴，还有西南夷，都是炎黄子孙，都有列传，因此与他们和亲，就是对血缘共同体的重建和确认。

从血缘认同出发，走向文化认同——文化中国；以文化认同为本，建立权威认同——王朝中国。这一套也被太史公拿来用在匈奴人头上。以文化认同来开发文化的边疆，以权威认同来确立王权的边疆，文化有多大，王权就有多大，这叫作“政治文化化”。

关于匈奴，历史上有过许多名字，王国维在《鬼方昆夷玁狁考》一文中，这样说道：匈奴，见于商、周之际，被称为“鬼方、混夷、獯鬻”，在宗周之季，又叫作“玁狁”。进入春秋以后，始谓之“戎”，继号曰“狄”，战国以后，又称之为“胡”，或曰“匈奴”。

匈奴，乃戎狄一支，其主体，虽经由獯鬻、鬼方、玁狁等阶段发展而来，但他们与汉人一样，其实也是一个由多民族融合的庞大族群，其中有可能就包含了桀的子孙。

在民族意识和国家观念形成以前，多民族混居，可以说是常态，当混居的族群，有了统一的民族意识和国家观念，他们就会在文化认同的基础上，产生新的血缘认同，并以血缘认同为纽带，形成国家认同。请注意，历史总是以倒叙的方式开启，不是先有认祖归宗，然后才有文化认同，而是因为有了文化认同，才需要一个共同的祖宗，而对于世袭制的王朝国家的认同，就更需要一个共同的祖宗，用共同的祖宗对不同的族群进行大一统。

这就是为什么《史记》以《五帝本纪》开篇，而有了一个“炎黄子孙”的结局。不同的族群，但凡有过某种程度的文化融合，便会产生对血缘认同的追求。“五胡乱华”时，匈奴人改姓刘，以汉家子弟自居。南北朝时，鲜卑人汉化以后，出现了有关“李陵胡”的传说。胡人入主中原，要成为中国人，最直接有效的方法，就是认个中国人做祖先，于是，李陵被他们提出来，作为“胡汉一体”和“胡汉一家”的血缘标志，促成了一种新的国家认同。

李陵乃汉将，汉武帝时，与匈奴战，寡不敌众，兵败被俘，遂娶单于公主，居塞外，于大漠开枝散叶，历数百年，繁衍成族，绵延至李唐时，因其来历本与鲜卑有关，故述其来源，便上溯至陇西李氏，于是，远祖先秦出关西行之老聃，近宗李陵之祖汉家李广。李广于汉代，本已窝囊，迄于大唐，而为国防之龙城，善战之飞将。历史如此大翻盘，盖因“李陵胡”一脉，融合南北，承汉启唐，是唐人的历史倒叙，重启了汉家飞将李广。

李陵与太史公，同朝为官，私下为友，李陵战败，滞留匈奴，太史公为之辩解，天子一怒，太史公遂为刑余之人，忍辱而作《史记》。孰料数百年后，南北朝时，英雄李陵复活，以“李陵胡”的名义，重建文化中国的统一性，这是第一次用历史活动印证了《五帝本纪》用“炎黄子孙”的名义解决了民族融合和国家统一的问题。这是一次“借尸还魂”的“尸祭”，借李陵之尸，还太史公的帝王世系和炎黄子孙之魂，还汉家天下的国魂。

秦汉以后，两河流域的问题，不再具有“国际”意义，后世无论三国还是南北朝，都没有合法性依据，相反，统一总是硬道理，这便是“春秋大义”。孔子当年的边疆，早已成了内地，成为推动中国发展的本体，而“中国”化世界的前沿，已推进至“司马迁线”。

孔子的文化理想变成了历史记忆，太史公以炎黄子孙的名义，为“中国”化世界的一体化，展开了一个更加伟大的历史布局。后来，活动于农牧分界线上的游牧民族，沿着“司马迁线”入主中原，最终在“中国”化的世界里建立了自己的政权，辽、金、元、清，都曾主宰过“中国”化的世界。这一线的斗争，往往决定了中国历史的进程。清以后，这条线也被中国内化了，大草原和大平原统一了，实现了农牧合一的政治一体化，文化的边疆被一代又一代王朝坐实了。今天，中国的政治、经济、文化中心——北京，依然还坐落在这条线上。

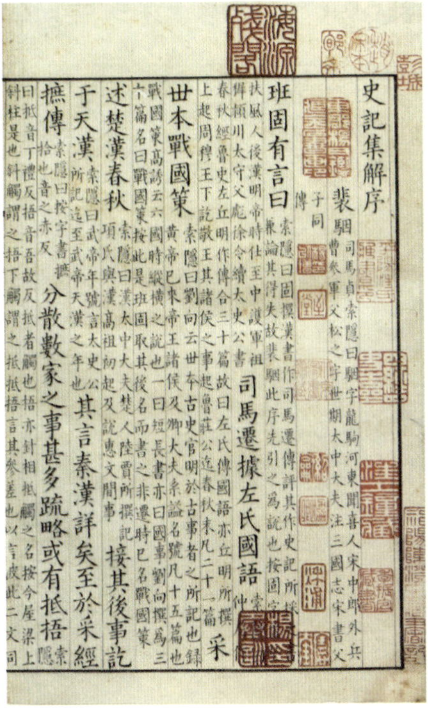

史記集解序
裴駰
班固有言曰
司馬遷據左氏國語采
世本戰國策
述楚漢春秋接其後事訖
于天漢其言秦漢詳矣至於采經
摭傳分散數家之事甚多疏略或有抵捂

宋刻本《史记》

历史的王者

司马迁，不光是史学之父，还是历史的王者。

严格来说，《春秋》还不算是史学著作，只有配上《左传》，它才像一本完整的史学著作，所以儒者从来不把它当作史来读，而是把它当作三代以来史官文化的代表——经来读。真正意义上的史学自觉，是从司马迁开始的。

司马迁20岁以前，拜董仲舒为老师，学《公羊春秋》，又追随孔子第十一代孙孔安国，习《古文尚书》。此后，他开始游历，上会稽山，探禹穴，访楚汉相争古战场，指出天下大势，起事于东南，而收成于西北，尤为关注农牧分界的“龙门—碣石”一线，这条线，后来被称为“司马迁线”。

我们知道，孔子作《春秋》以王纪年，可这王并非指当时之王，那时，君不君，臣不臣，王不像个王，因此，《春秋》之王是理想王——素王。

素王是王道之王，而非拥有王权之王，皇帝尊孔子为素王，自居于王权。司马迁继《春秋》作《史记》，亦以王道自居，所谓“究天人之际，通古今之变，成一家之言”，非素王孰能为之？然而，死人可为素王，活人不可为。

司马迁为其自负付出了高昂代价——汉武帝找借口阉了他。

他在《史记》中获得了王者的称誉：不仅因为他以“史家之绝唱，无韵之《离骚》”的史笔，完成了上记轩辕、下至当世的十二本纪、三十世家、七十列传、十表、八书的鸿篇巨制，还因为他有着超人的史眼、非凡的史识。

《史记》最初没有固定书名，东方朔称之为《太史公书》。

从三国开始，“史记”由史书通称，变为“太史公书”专称。

《史记》起自黄帝时代，迄至汉武帝元狩元年，约三千年，共一百三十篇，五十二万六千五百余字，为中国第一部，也是最出名的纪传体通史。

班固称：“其文直，其事核，不虚美，不隐恶，故谓之实录。”鲁迅先生在《汉文学史纲要》中盛赞之为“史家之绝唱，无韵之《离骚》”，为史家和文学家之“极则”。《汉书》《后汉书》《三国志》均仿之，合称“前四史”。

善本《史记》，一百三十卷，存六十八卷。有刘宋裴骃集解，唐司马贞索隐、张守节正义，宋建安黄善夫家塾刻本。半叶十行，行十八字，细黑口，左右双边。框高20.1厘米，宽13.3厘米。有罗振玉、黄绍箕题款。有“田伟后裔”“长祚之章”“涵分楼”“双鉴楼珍藏”“岛田翰藏书记”等藏印。

太史公历史地理中的农牧分界线

司马迁还有着超人的史眼、非凡的史识，当他把目光聚焦在西北时，他看到了一条自古至汉的农牧交错线——那条汉家与匈奴对峙的农牧分界线，让汉家少年出征的豪气线。他意识到中国大一统的农业文明的重头戏势必在这条线上演，在中世纪的亚洲大陆深处，农耕与游牧文化的冲突与融合，形成了一种集权文明。司马迁说碣石至龙门以北出产马、牛、羊、毡裘、筋角等。这条农牧分界线，后来被称为“司马迁线”，它不仅是华夏文明诞生地，还是帝国生命线。

这条农牧文明起源的交错线，在古秦晋间以及豫西北，黄河、汾河相聚的盆地里，洛河与黄河相拥的岸边，竞相孕育了华夏早期文明。襄汾的陶寺文化，自临汾以下，由北而南，沿汾河下游分布，这一线，有襄汾、曲沃、侯马、稷山，直至河津、禹门或龙门，汾河进入黄河之口，都有该文化遗存。再向南，中条山脚下的夏县，有东下冯二里头文化遗址，据说这里与黄河边的夏——河南偃师二里头文化遗址，都是夏朝活动的范围。它们在司马迁的世界观里，是中华文明的起点。在今天的山西地图上，禹王的足迹，可圈可点。

司马迁还做过一个总结，是“从东南到西北”的一条运势线。《史记·六国年表》说：“或曰‘东方物所始生，西方物之成孰’。夫作事者必于东南，收功实者常于西北。故禹兴于西羌，汤起于亳，周之王也以丰镐伐殷，秦之帝用雍州兴，汉之兴自蜀汉。”

司马迁线的起点——龙门

司马迁线西起吕梁之南端的龙门山，向东北延伸，越过霍山，再向东北行，直至河北昌黎，抵达渤海湾。唐晓峰认为，这是一条农牧业分界线，而文明初期的亚洲内陆国家，多半就在这条分界线上诞生。

司马迁生于龙门，故“太史公方舆”里有龙门情结。

龙门山，早在《尚书·禹贡》里，就是一座名山，它横跨黄河两岸，东在山西河津市北，西在陕西韩城市北，黄河之水，从壶口冲出来，便被两岸断山绝壁挤压成游龙，惊龙湍急，冲过龙门，龙门之外，天高地缓，水势雍容。

以龙门为界，黄河在秦晋之间，南北形势悬殊。

龙门山对峙黄河两岸的雄势，传说是大禹治水，为疏导黄河而凿开的。两峭崖对峙两岸，相对如门，只有神龙可跃，故曰龙门。传说每年总有几千条黄河大鲤鱼汇聚龙门山下，准备跳龙门，跳上去便飞龙在天啦。

这里有天命，就在这里跳跃吧！龙门是“司马迁线”的起点。

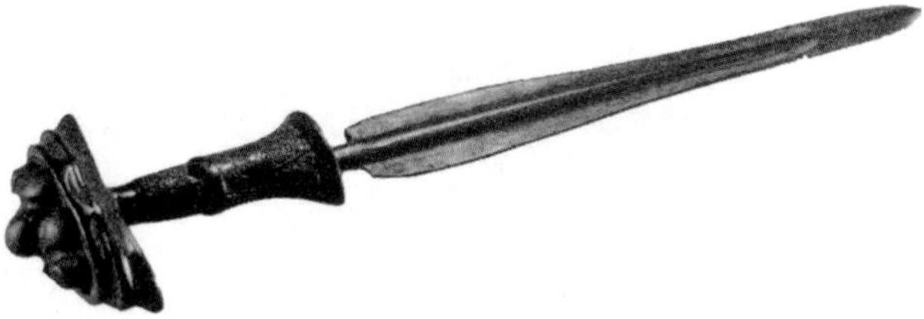

春秋时期匈奴人使用的短剑。进入春秋以后，匈奴人被称为“戎”，继号曰“狄”

鬼方人使用的青铜剑。殷周时期，匈奴人被称为鬼方，后又称玁狁，建鬼方国部落，使用青铜剑

司马迁线上的匈奴人

匈奴人在农牧分界线的辐射区，进入司马迁视野。

的确，在这条线上，同时孕育了匈奴的游牧文明。

司马迁在《史记》里，为匈奴立传，把匈奴人也看作华夏后裔。但是汉朝与匈奴人在这条线上，还是打来打去。据后人研究，匈奴人南侵，与气候变化关系密切。每当气候变冷变干时，他们就向南迁徙，甚至过上农耕生活，或农耕兼游牧的生活。

四虎咬一牛纹金饰牌，长 12.6 厘米，宽 7.4 厘米，重分别为 238 克和 204 克，
战国时期，内蒙古杭锦旗阿鲁柴登出土

牌饰正面为浅浮雕虎牛争斗纹图案，牛身躯平卧其中，四肢平伸，四虎从两侧咬住牛颈、牛腹，牛角则刺穿虎耳。应为游牧族工匠所制，工艺水平极高，有强烈的写实性。战国以后，北方游牧人被称为胡人或匈奴人。匈奴，乃戎狄一支，其主体，虽经由獯鬻、鬼方、玁狁等阶段发展而来，但他们与汉人一样，其实也是一个由多民族融合的庞大族群，其中有可能也包含了桀的子孙。

匈奴人的鹰形金冠，顶高 7.1 厘米，重 192 克，带径 16.5 厘米，
共重 1.0224 千克，战国时期，内蒙古杭锦旗阿鲁柴登出土

除鹰头为绿松石外，全冠皆为金。雄鹰展翅傲立冠顶，拱形冠顶上有浮雕，为四组狼咬羊图案，雄鹰俯视狼咬羊，情形生动，构思别有怀抱，有雄霸天下之志。冠带亦有浮雕卧虎、盘角羊和马，连接处有榫卯相合，工艺精湛，雍容华贵，为匈奴遗物中最有代表性的艺术品。

游牧人的农耕生活壁画，出土于内蒙古和林格尔县东汉时期的墓葬，
据考证墓主人为东汉乌桓校尉

西汉匈奴人牧羊

和林格尔汉墓壁画，内蒙古和林格尔县出土，墓主人为汉乌桓校尉，此组壁画中有不少乌桓、鲜卑人物形象

乌桓又称乌丸，北方游牧族之一，初与鲜卑族皆属东胡，匈奴灭东胡后，迁至乌桓山，成为匈奴人的附属，汉武帝时始设乌桓校尉，农牧交错线上稍安。东汉初乌桓复骚扰代郡各地，汉光武帝刘秀怀柔笼络乌桓上层贵族，重新设置乌桓校尉，统治乌桓各部，一时农牧交错线上重归暂安。乌桓在汉与匈奴之间，摇摆生存。忽而为匈奴人所用，攻打汉朝，忽而为汉所用，攻打匈奴。

东汉正值气候温暖的临界点，气温开始发生变化，由温暖变向寒冷。北方水草凋零，游牧人南下，或定居农耕，或半牧半耕。随之而来的寒冷期使北方牧人纷纷南下，汉家版图上出现了三国西晋东晋南北朝的大融合时代。

农耕图，陕西靖边东汉晚期墓葬壁画

陕西靖边位于农牧交错线上，考古学家们在此发掘了一座墓葬，完整呈现了东汉晚期农牧交错线上庄园经济的发展。从壁画人物的服饰、生活劳动情景，以及在神话传说中表达的信仰来看，这应该是一个戍边官宦的墓葬，墓葬壁画之精美，完整地呈现了家庭庄园经济的场景。墓室北面壁画是墓主人夫妇正襟危坐，观看农耕场景。一边两白衣农夫锄禾，一边一农夫与双牛犁地。在寒冷期到来之际，农牧交错线上还是一派祥和繁荣的景象。

骑鱼车升仙图，陕西靖边东汉墓葬壁画

骑鹿车升仙图，陕西靖边东汉墓葬壁画

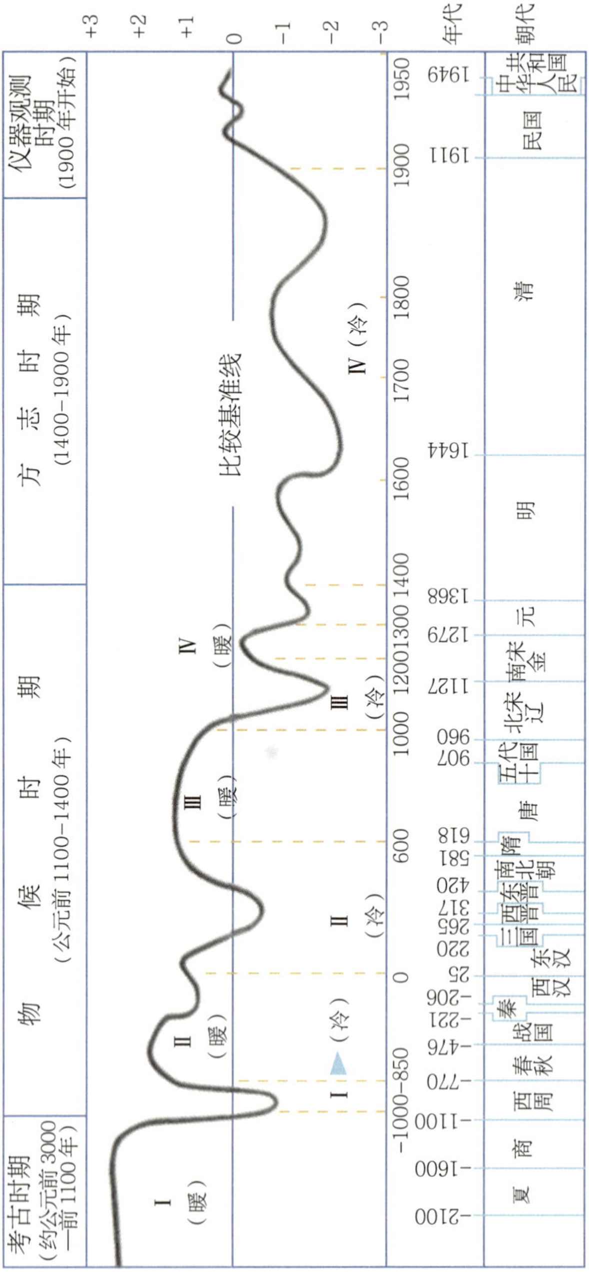

中国五千年来气温变化曲线图，出自王会昌《两千年来中国北方游牧民族的南迁与气候变化》

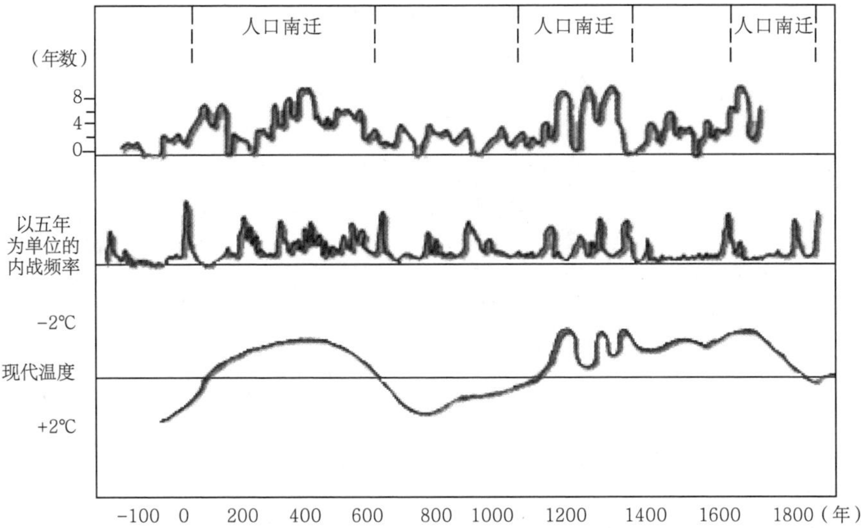

气候变冷与战乱、移民南迁关系图

中国五千年来气温变化曲线图

上页曲线图以现代气候为标准，比较了历史上各时代气温高低。

该图显示了各朝代气温高低，还显示了当气温曲线低于比较基准线时，游牧民族大规模南下的趋势，这导致了中原王朝与游牧民族的战争。

例如，西周末期，适逢一个近两百年的寒冷期，西北游牧民族被迫南下东进，西周镐京首当其冲，为犬戎所灭，平王被迫东迁洛阳。

魏晋南北朝时，我国北方游牧民族建立了多个王朝政权。

当气候进入了温暖湿润期，北方游牧民族无须南下，自牧自给，而农业文明则伸向草原，在草原屯田，开拓农耕，所谓汉唐盛世，就处于这样的时期。

唐后期，气候又趋于寒冷，游牧民族不断南下，进入中原，终于建立了两个大一统王朝元和清，北宋、南宋及明代，都处在游牧民族冲击期。

从历史进程看，农耕民族向北扩张，甚于游牧民族南下。

通过明清时代的农牧分界线与司马迁线的比较可以看出，现代农牧交错带已经移到了历史上最北端。

第2章

诗经时代的天命与革命

01

江南那只虎

据说，商的势力范围，曾经到达过江南。

江南在哪里？“商代江南”，指向赣鄱流域。

1989 年 9 月 20 日，农民筑堤，往赣江古河道涝背沙丘取土时，挖出了青铜器，继续挖下去，就发现了一座商代的大墓，墓里出土了很多青铜器。据说这是目前在同一遗址单位面积内出土青铜器最多的一次，连妇好墓也不能比，因此地属于江西省新干县大洋洲乡程家村，所以，它被称为“新干大洋洲商代大墓遗址”。

大墓出现在古河道上，可见赣江在游移，这古河道原本是陆地，很可能还是高地，否则便不能作为墓址，后来赣江冲来把它淹了，又游移走了。

不过，也有人认为，新干大洋洲遗存，并非墓葬，而是方国之君于河川沙洲固定祀地行“浮沉”之祭祀的祭品，这样说来，就与赣江游移无关了。

如今，赣江就在它西面，相距不到一千米，往北流去。

赣江北去，进入鄱阳湖，再往北，就进入长江流域了。

这条水路，一直通往中原，商文化的影响，由北而南，就从水运中来，从新干大洋洲大墓所出土的器物中，很容易看到中原商文化对江南的影响。

影响归影响，但它并非商文化，其本身还是属于长江流域吴城文化的一部分，两地相邻，从大洋洲向西，越过赣江约二十千米处，就到了樟树市吴城。

由此再往北去，进入九江地区，在长江边上的瑞昌，有个叫铜岭村的地方，有一处约三千三百年前的铜矿冶遗址，这是迄今为止，所见最早的铜矿冶遗址。该遗址距离长江约七千米，离湖北大冶铜绿山矿冶遗址约四十千米，还有 100 多处遗址，所在区域大致就沿这一线，在赣江中下游和长江中游以南分布，坐落在鄱阳湖和洞庭湖之间。

这江湖怀抱的平原，就是商代江南——吴城文化发祥地。

在殷人眼里，江南是什么？是铜！青铜文化不能没有铜，“国之大事，在祀与戎”，全靠铜。殷人以铜为“金”，称南下掠铜为“俘金”，贸易为“贡金”。

有人对商代青铜器做过铅同位素测试，发现安阳商代彝器中，有一部分是用瑞昌铜岭矿石冶铸的，与吴城文化和新干大洋洲遗存用的是同样的矿石。这表明，殷人有一条青铜之路，也就是他们的“贡金”“俘金”路线，进入了吴城文化地区。

对殷人来说，铜很重要，因为商朝的核心，无论神权还是王权，都要靠铜来支撑。张光直指出，中国上古三代时期，建都选址，多靠近铜锡矿产地。

夏都分布于中原铜锡矿地区，商都沿山东、河南山地边缘迁徙，入豫北和晋南以控制中原铜锡矿地带，周都由西向东渐进中原，也与觅求矿源有关。

商代铜锡矿开采量很大，一旦矿产殆尽，商王就迁都而去，商代先王时期，自契至汤，便已迁了八次，自汤以下，又迁了五次，盘庚以后，就不再迁都了。

为什么改了老例？还不是因为中原铜矿有限，也就豫北和晋南那么一点，迁来迁去，终归还是改变不了资源短缺的局面，到了武丁时，目光就越出了中原。

武丁目光南下，看得很远，发现铜矿都在长江一线，尤其长江南岸赣鄱平原，铜用不完。史载武丁南征，“奋伐荆楚”，由楚入赣，开辟了一条“俘金”路线。

从吴城文化遗址来看，它与商代武丁中兴大约同时，可传说中吴城文化的兴起，却还要更早，早到什么时候？很可能在炎黄时期，因为《史记·五帝本纪》说，黄帝“教熊罴貔貅貙虎，以与炎帝战于阪泉之野。三战，然后得其志”。其中有“虎”，也就是后来在殷墟卜辞里多次出现的“虎方”，无独有偶，赣鄱流域的吴城文化就以“虎”为标志。

无论樟树吴城文化遗址，还是新干大洋洲文化遗存，“虎”都是它们的标志物：獠牙，有两尾，通体几何纹，背上立一只鸟，被称为“伏鸟双尾铜卧虎”。

看来，这独特的“一虎一鸟”，很可能就是“虎方”的代表。炎黄时期，“虎方”一度北上，参与炎黄大战，站在黄帝一边，战后，有一部分就留在了中原。

《左传·文公十八年》说，尧舜之时，曾“举八元”，“使布五教于四方，父义、母慈、兄友、弟共、子孝，内平外成”，而“八元”之中，以“伯虎”为首。

后来，禹铸九鼎，为华夏文明奠基，当时“贡金九枚”，而“虎方”多铜，理应不会落后。商先王时，“虎方”已在中原立一方国，并与中央之国商发生冲突。

从甲骨文中，我们可以看到，作为国族名称的“虎”，有“虎侯”和“虎方”，“虎侯”是商王近臣，封于庸，在王畿内，而“虎方”为方国，在商朝以外。

关于“虎方”，有一条与战争有关的卜辞，乃商王武丁下令，要“举”和“望”两族随王师一道去征伐“虎方”，为此举行告祭，卜问先王。

武丁善战，尚且要卜问先王，看来“虎方”不弱，胜负难以预料。

《诗经·商颂》盛赞武丁“殷武”，夸他“奋伐荆楚”，却只字未提“虎方”，看来对“虎方”战事受阻，为尊者讳，为王者隐，没必要哪壶不开提哪壶。

从樟树吴城遗址里，我们也许有幸能够看到这次战争的结局。在将近4米深的外城壕中，发掘面积还不到10平方米，就挖出了20具殷人的头盖骨和部分肢骨，据专家推测，城壕两侧，可能还有大量头盖骨。考古发掘挖出头盖骨，通常有两种情形，或是战俘被割首，或为祭祀的猎头仪式，就目前的发掘情况来看，这些头盖骨属于战俘被割首。

由此可见，到了武丁时期，虎方已退出中原，回到江南，以青铜立国，控制着长江中游从江西瑞昌到湖北大冶一线的铜矿山，先后开发了铜岭村和铜绿山铜矿。

对武丁以后的殷人来说，江南不光有铜，还有虎，那是一只獠牙双尾、与鸟同行同栖形影不离的虎，是啸居赣鄱、咆哮江汉、威震中原，而又向往天空的虎。

武丁南下“俘金”，败于虎方，就改以江北盘龙城为据点，开辟了一条从汉水东边进入中原的南铜北运的“贡金”路线，以确保殷商王朝中兴所需要的铜矿资源。

“俘金”是掠铜，而“贡金”呢？当然就是进行铜贸易了。

把贸易当作进贡是王朝中国的通病，从商朝就开始了。

殷人本来就善于经商，所以，国号为“商”。通常他们都做两手准备，一手战争，一手贸易，能用战争解决的，就用战争解决，战争解决不了，就进行贸易。贸易地点盘龙城，就在今日江北滠口。交易使用的是青铜货币，殷人用青铜贝，而虎方人用青铜手斧，彭明翰在《吴城文化研究》中指出，新干大洋洲出土的青铜手斧就是货币。

同样是青铜文化，殷墟王朝文化与吴城文化有一个根本不同。

张光直在《中国青铜时代》一书中指出，城市兴起有两条路：一条是技术与贸易路线，另一条是王朝政治路线。他指出，中国城市兴起，走了后一条路线。

以此为据，张光直还特别强调青铜之于商王朝，或为礼器，或为兵器，却没有被殷人用作生产工具来提高生产力，其用途不过“祀与戎”而已。

此言，论及殷墟文化尚可，而概言全国，则未免有失偏颇。即以与殷墟同期的吴城文化为例，其新干大洋洲遗存，就出土了许多青铜工具，有18种143件，包括两个工具群，其中6种75件为手工业工具群，12种68件属于农业工具群。

张光直的视野聚焦于中原，其目光最终还是落在王朝上。

可还有另一线，即长江流域一线，从河姆渡到良渚，再到吴城和三星堆，这一线，产生了若干个方国，却从未出现过王朝，它们属于方国文化，而非王朝文化。

这一特征，张光直似乎并未注意到，或知之而未深察。虎方在中原立国，以其本来方国文化，这对商王朝来说，真是岂有此理呀！所以，把它打回老家。

方国之统一，以文化为根底，对王朝统一本就有着天然的阻力，故其与王朝，岂止难以相宜？实乃势不两立！伏于山林、江湖、乡野，含有革命的契机。

以此来看长江流域，从古代到中世纪，从未有统一的王朝兴起。

大凡历史上，因异族入侵而出现南北朝时期，均由中原王朝迁都南下所致，非由江南本土自立，到头来，还是要被中原新兴王朝统一，这是王朝中国的铁律。

异族入主中原，王朝迁徙于江南，坐落在方国文化的地域里，谓之“偏安”，于抵抗异族自有其生生不息之动力，却难以伸展一统之志，此缘于文化以及地理。

可近代以来，洋务运动和维新变法都在江南实施，此虽由西学东渐导致，但亦出自其固有之方国文化的根底，而近代新政之于中国北方直隶一隅，是由漕运和海运带来的，得了江南风气。然而，袁世凯一主持，便带了王朝中国的习气，与共和相抵牾。

驱逐鞑虏与共和立国之革命，出现在长江流域，看似一时一地，由外来影响引起，实则渊源有自，渊源就在那个文化中国的本体。毛泽东认为，没有西方帝国主义入侵，中国也能自发地进入资本主义，他指的就是长江流域。以之论共和立国，亦如此。

两千多年来，历史已习惯于用王朝为中国命名，久而久之，忘了中国本身，以为王朝就是中国，唯有在王朝崩溃时，才发现它不是本，而是末，只是一代过客。

可过客还要反客为主，居然以王朝取代中国，形成了王朝中国。

因此，我们看中国，要像鲁迅那样，不能仅看上面——“状元宰相的文章是不足为据的，要自己去看地底下”。地底下的人们，才是“中国”本体——“我们从古以来，就有埋头苦干的人，有拼命硬干的人，有为民请命的人，有舍身求法的人……这就是中国的脊梁”，那个地底下的中国，就是我们所说的“文化中国”，它是中国人的魂魄。

我们看历史，要去除王朝中国的屏蔽去看文化中国，不光要去三代以来的中原，看那盛开的王权政治之花，品味丰硕的王朝历史之果，还要去长江流域看那里的方国，尤其要去江南，看看吴城文化里的那只虎，我们不光是龙的子孙，还是虎的后裔。

因此，文化中国里，除了龙凤之姿，还有虎气。太史公在《史记》里，称刘邦“龙凤之姿”，赋予帝王气象以美学形式，可真正令他叹服的，是项羽身上的虎气。

龙凤之姿的刘邦见了秦始皇，惊羡之余，叹曰“大丈夫当如是也”！而虎头虎脑的项羽，却大吼一声“彼可取而代之”！这就是虎气，两人气象迥异。近代之时，湖湘文化以斯巴达、普鲁士自居，其志士慨言：只要湖南人还在，中国就不会亡！凭的就是从天时、地利、人文中来的虎气。当文化中国为共和而战，湖湘文化以铁血主义血溅帝制，就比岭南文化多了一股子虎气——谭嗣同比康有为，黄兴、宋教仁比孙中山……多的那种气概。

少年毛泽东咏蛙：“独坐池塘如虎踞，绿荫树下养精神。春来我不先开口，哪个虫儿敢作声！”多么天真烂漫，一股子与生俱来的江南虎气，那是来自文化中国的虎气，较之以“北国风光”为背景的《沁园春·雪》的龙凤之姿，我们更爱这稚嫩的虎气。

锦绣江南，不光有最美的丝和瓷，还有最高贵的自由意志——虎气。

其根底，就在三千五百年前的那只虎里，虎背上那只飞鸟啊，就是虎气。

伏鸟双尾铜卧虎，通长 53.5 厘米，通高 25.5 厘米，体宽 13 厘米，江西新干大洋洲出土

虎耳虎形扁足青铜圆鼎，通高 44.5 厘米，口径 30 厘米，江西新干大洋洲出土

虎耳虎形扁足青铜圆鼎扁足

虎耳虎形扁足青铜圆鼎扁足拓片

虎虎虎

无论是樟树吴城遗址，还是新干大洋洲遗存，都以“虎”为标志。伏鸟双尾青铜虎，出土于新干大洋洲遗址。獠牙，有两尾，一身几何纹，背上立一只鸟，虎气上，有鸟儿对天空的寄托，表达了江南古方国的自由气质。那只立耳上卧一只圆雕的老虎，中原青铜礼器上从未见过，印证了虎方国的往昔。他们不仅在青铜器上铸就了虎气，还在玉器上刻上虎气。头盔，虎气峥峥，盔下那头颅，就是虎方战士。特别是青铜器与玉器上的兽面纹饰，比起中原殷商来，良渚文化的神韵更为浓郁。其中兽面纹玉琮、神人兽面形玉器等，几乎就是从良渚玉琮或兽面神人徽脱胎而来。

兽面纹虎耳青铜方鼎，通高 39.5 厘米，口横 28.7 厘米，口纵 24.2 厘米，江西新干大洋洲出土

兽面纹虎耳青铜方鼎立虎耳

手斧形青铜器（及局部），通长 14.1 厘米，柄宽 2.6 厘米，江西新干大洋洲出土

彭明翰在《吴城文化研究》中指出，新干大洋洲出土的青铜手斧就是货币。

江西铜岭铜矿遗址出土的器物

江南的青铜媲美殷商

进入王朝国家，对于利器的需求，尤其是代表当时先进技术的青铜器的需求越来越多。中国有文字可证的王朝是从商朝开始，历史上追述的夏王朝，在公元前4000年前后，已经来到了国家起源的入口处，并从各自不同的方国部落向王朝国家迈进。作为最先进的生产力或动力的青铜器，在推动王朝国家的形成过程中，起到了关键性的作用，使商王朝成为整个世界史上青铜时代的最高峰。

江西铜岭铜矿遗址出土的器物

在殷人眼里，江南是什么？是铜！

青铜文化不能没有铜，在鄱阳湖的历史记忆中，新干大洋洲和樟树吴城，是江南青铜文明的渊薮，引来殷人眼神，绿光泛泛。这里的人不仅会铸造精美的青铜器，还有丰富的铜矿可开采，最令商人羡慕嫉妒的是，他们竟然奢侈到将青铜用于制作农具等生产工具，而殷人仅供祭祀和武器还捉襟见肘。

新干大洋洲青铜镞出土现场

江西铜岭铜矿遗址

兽面纹玉琮，通高 4.1 厘米，射高 0.4 厘米，射径 7.8 厘米，江西新干大洋洲出土

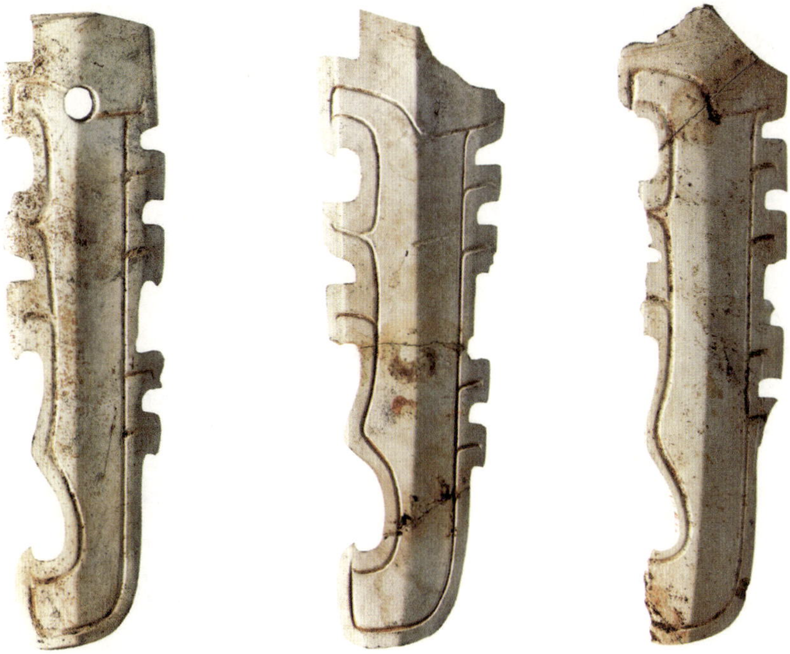

虎形玉扁足，通高 17.7 厘米，最宽 5.5 厘米，厚 0.5 厘米，江西新干大洋洲出土

蝉纹玉柄形器，长 20 厘米，宽 2.2 厘米，
江西新干大洋洲出土

神人兽面形玉饰，通高 16.2 厘米，
下宽 5 厘米，江西新干大洋洲出土

青铜夔纹钺，湖北武汉盘龙城遗址出土

青铜兽面纹独柱爵，湖北武汉盘龙城遗址出土

青铜兽面纹锥足圆鼎，湖北武汉盘龙城遗址出土

青铜兽面纹簋，湖北武汉盘龙城遗址出土

盘龙城位于武汉市北黄陂境内，遗址年代大约与郑州二里岗时期相当。遗址有宫殿区，宫殿形制接近西周时期坐南朝北、前朝后寝的宫廷建筑制度，有陶管排水设施，有居民居住遗址，盘龙城四周还有不少手工业作坊区，以及墓葬区。出土青铜器中有象征权力的大型青铜钺一件，联系盘龙城与郑州商城遗址年代大体一致，这里很有可能就是武丁南下“俘金”的另一个据点了。武丁败于虎方，便改以江北盘龙城为据点，开辟了一条从汉水东边进入中原的南铜北运的“贡金”路线，以确保殷商王朝中兴所需要的铜矿资源。“俘金”是掠铜，而“贡金”呢？当然就是进行铜贸易了。

把贸易当作进贡，是王朝中国的通病，从商朝就开始了。

双鸟朝阳纹象牙蝶形器，长 16.6 厘米，残宽 5.9 厘米，厚 1.2 厘米，浙江杭州余姚河姆渡遗址出土，河姆渡文化二期，浙江省博物馆藏

金沙遗址出土的太阳神鸟金箔

良渚文化玉琮上的神徽像

三星堆遗址出土的青铜人面具

从史前文化走向文化中国，除了黄河一线外，还有另一条线，即长江流域一线。从河姆渡到良渚，再到吴城和三星堆，这一线，产生了若干个方国，却从未出现过王朝，它们属于方国文化，而非王朝文化。

02

革命者来了

虎方虎踞江南时，周族也从豳地迁到岐山下的周原了。

周原与江南，本来相距遥远，想放开马跑，可那时没有驰道。

那么，走水路如何？从渭河顺流而下，东行出潼关，然后，向河南，到江汉平原，入汉水，渡长江，再下江南，据说，三千年前，有两条汉子就这样来到了江南。他们是什么人？到此何干？《史记·吴太伯世家》讲了这个故事，但讲得很简单：

> 吴太伯，太伯弟仲雍，皆周太王之子，而王季历之兄也。季历贤，而有圣子昌，太王欲立季历以及昌，于是太伯、仲雍二人乃奔荆蛮，文身断发，示不可用，以避季历。季历果立，是为王季，而昌为文王。太伯之奔荆蛮，自号句吴。荆蛮义之，从而归之千余家，立为吴太伯。

那两条汉子，原来是两兄弟，兄太伯，弟仲雍，他们都是周太王古公亶父的儿子，将周族从豳地迁到周原的就是太王，太王有点像摩西，是引导周人的先知。

可太王为什么要远离从公刘时代就开始经营的豳地而迁岐？

据说，太王那样做是出于仁义。盖因豳地近戎狄，戎狄贪，欲得财物，太王予之，欲得地与民，民欲战，而太王又要予之，他对豳地之民说：民立君，是要利民，今戎狄来攻，要夺吾地与民，民从我，还是归于戎狄，只要对民有利，都是一样的，不要因为我去打仗，害死人家父子的事，我是不忍心去做的。说罢，太王就带着他的家族，离开了豳地，人民被他感动了，都说这样有情有义的君主去哪儿找啊？还不如都跟了他去。

后来，在《三国志》里，刘备也学这故事，但总觉其伪。

《三国志》炫智，行仁义以术，三代尚朴，大战略自仁义出。

《诗经》云："后稷之孙，实维大王，居岐之阳，实始翦商。"

"翦商"，是大战略，从太王迁岐就开始了。迁岐以前，人是豳人，国为豳国，经此一迁，遂生转折。居于周原，而为周人，而建周国，而立周朝也。

太王欲迁岐久矣，然豳地，亦商之属国，迁徙岂能随意？刚好，戎狄来攻，太王故意示弱，以不忍人之心，散财物，弃国土，不战而去，而为戎狄所笑。

然其实为用弱也，时人皆莫知之，后世能解者，亦唯有老子。老子说"受国之垢，是谓社稷主；受国不祥，是谓天下王"，一语道破了古公弱用之术。

尤为可贵者，古公用弱以仁义行之，故其境界高于老子。因为老子还有分别之心，还在说"仁义出，有大伪"，而古公则浑然一体，在纯朴的大道上施行。

其实，"仁义"也好，"大伪"也好，它们在原始未分时，都是纯朴，"朴散而为器"，所以，老子《道德经》里所言，多少都带有些"朴散"的味道了。同一事，若以纯朴行之，便是天道，人的分别心一动，朴就"散"了，"大伪"也就跟着跑出来了。

太王迁岐无“伪”也，以其仁义一根筋，纯以朴素行。然而，若以“伪”的立场，用“伪”的眼光，把它作为一种战略，言其“大伪”也不过分——谋略何其深。

后稷子孙，久居豳地，自公刘至古公，筑城而居，已历九世，不光有戎狄在前面觊觎，商也在后方监视，干戈在前，斧钺在后，周人居豳地，正是两面受敌。

长此以往，其国必亡。若据豳地，与戎狄战，是战也亡，不战也亡；战败也亡，战胜也亡；战败亡于戎狄，战胜则亡于商，唯其形势如此，故“走”为上。

故《诗经》云：“古公亶父，来朝走马，率西水浒，至于岐下。”

这是何等从容，又何其潇洒！文明初期，地大而国小，百里之地，千人之家，即成一国，而且立国之民，多为自由人，故国之民心所向，民意所在，即为王。

后来孟子的仁政主张，便出于对先王立国精神的向往，然而，时过矣。古公之时，天下多有空地，国家还可以迁徙，而孟子之时，国相逼，不战则死。

弃国而去，与亡国何异？故太王迁岐，乃豳地亡于戎狄，然其国虽破，其家未亡，实力仍在，或者太王早已未雨绸缪，故周人迁岐，亦可谓战略转移。

此一转移，使后稷子孙们不仅从两面夹击中保全下来，而且借力打力，乾坤大挪移，让得寸进尺、胃口越来越大的戎狄将矛头转向商地，而与商朝对决矣。

商王武乙，得知古公放弃豳地，便任由他迁岐，同时，率军进入渭水流域，这位“射天”和拷问“天神”的商王武乙，竟然不明不白地死在了渭水旁。

据说，天网恢恢，他是被雷劈死的，这样的说法，倒是符合“天人感应”，却也难免令人起疑心：他为何不在“射天”处发生感应，不在拷问神的地方遭天惩，反而在与之无关的渭水流域被雷劈？商王武乙死于渭水时，太王在岐山下开发周原，没有人会想到武乙的死与太王“翦商”有关系，事实上，也从未发现有这方面的蛛丝马迹。

倒是发生了另外一件事，改变了周人命运。这件事，因为与太王有关，所以，一直被当作让贤的道德故事来讲，而忽略了故事应有的另一面——“翦商”。

据司马迁所言，我们知道太王有三子，长子太伯，次子仲雍，三子季历。季历娶太任，生了圣子昌，太王一高兴，就说：天命已降临于昌，周人就要兴旺了。

听太王这么一说，太伯和仲雍就做了一个决定：立即出走。

于是，就发生了上述“两条汉子”下江南的让国故事，在让国故事的掩盖下，兄弟俩奔向“荆蛮”之地。“荆”为楚地，居江汉、江淮间，而“蛮”，就指江南。

他们在周原让国，竟让到江南来了，仅一个“让”字，这可能吗？

其实，不但“让”是真实的，连《史记》上都这么说了，当然没有错，还有“翦商”也是真实的，虽然《史记》没这么说，但《诗经》里早就提到了，更没有错。有人说，这是一个阴谋，犹如韩信“明修栈道，暗度陈仓”，明里让国，暗中却去“翦商”。

这样来看“翦商”，还是在用“伪”的眼光，忽略了周人的革命理想。

周人，多么富于革命精神！而革命之于当时，主要就表现为“翦商”。

“天地革而四时成”，此为太王在岐下的立国精神，发动周人干革命。

革命，“顺乎天而应乎人”！革命者，不一定是王，却自有王的气象，让国是王者气象，翦商也是王者气象，它们基于革命理想，为革命而让国，为革命而翦商。

革命的目的本来是王，然而当革命成为革命的目的时，王就被扬弃。

于是乎，继续革命就成为革命者的最高理想。为了最高理想，当代切·格瓦拉放下执政党，重新拿起枪上战场，而上古时代那兄弟俩，也放下了王位，去“翦商”。

太伯和仲雍来到江南，进入虎方地盘，号召虎方勇士，一如他们的祖先当年追随黄帝，重新高举“翦商”大旗，投入顺天应人的革命洪流中去，打倒“殷商帝国主义”！

试看“殷商帝国主义”，把战争当作衣食，用暴力奉行他们的强权意志。

“它从你们这里，拿了铜去造兵器，然后，用兵器来打你，来抢走你们的粮食，还有你们的妻女，可你们还在跟它进行铜贸易，难道就甘心被它剥削，被它奴役？它从来就不生产，不制造工具，可它抢来的粮食却多得吃不完，用来酿酒喝，宁可醉生梦死泡在酒里，也不给那些快要饿死的人吃。有了酗酒的帝国主义，天下有多少人要被活活饿死？

“我们周人跟你们一样，都是不喝酒的，因为我们都从事生产，知道粮食来之不易，你们用那么多的铜去制造工具，靠生产完全可以自立，为什么还要跟殷人贸易？正是你们的贸易，助长了‘殷商帝国主义’。从今以后，你们自己就可以制造青铜器，拥有自己的礼器和兵器，而无须受制于‘殷商帝国主义’。我们兄弟，这次来就给你们带来了青铜器配方和工艺，虎方兄弟们，请接纳我们兄弟成为你们的成员，我们的名字从此就叫作‘句吴’。”

也许太伯和仲雍先在赣鄱流域对虎方兄弟说过这样一些话，然后，他们从江南出发，又来到了江淮地区的淝水流域。当年虎方退出中原，还有一支就退在这里，他们在这里继续传授青铜器配方和工艺。顺便说一句，虎方所居两地，都留下一股子虎气，后来，那虎气也都开出了历史的新契机，一以赤壁之战开出三国时期，一以淝水之战开出南北朝时期。

除了那一股子虎气，还有这兄弟俩带来的那种切·格瓦拉式的革命精神。不过，他们知道，光有革命激情还不够，革命还要解放生产力，而他们正是这样做的。

商的力量源于青铜，对青铜配方和工艺，必然要采取保密和独占措施，但有可能被周人破解了。顾准在《要确立科学与民主，必须彻底批判中国的传统思想》一文中指出，周能迅速强大起来，“显然是继承了或者窃取了商王朝所独占的文化和工艺”。这仅是一说，也有可能是因为周起于西方，能从西域的渠道获得更先进的青铜工艺技术。

为了“翦商”，周人广泛传播青铜文化和工艺，使商朝在技术方面不再拥有绝对优势。纣王善战，本不次于武丁，可武丁之时，方国兵器多为石制，故武丁易胜之。而纣时，方国也以青铜制兵器武装，故纣之多胜，实非易事。顾准认为，自太王以至于文王，周三分天下有其二，势力达于江汉，而征伐仅有四次，“秘密”所在，就是传播了青铜工艺。

所以，武王伐纣时，竟有八百诸侯会盟，虎方也来参战了。就这样，他们将革命精神，注入赣鄱流域和江淮地区。不仅如此，他们还继续南下，进入宁镇山地，再往东南，直至太湖流域。对殷人来说，江南是铜；对周人来说，江南就是革命了。

而且周人以革命拓展了江南范围，使江南从长江中游走向下游了。

云雷纹矛，通长 37 厘米，矛身长 25.6 厘米，江西樟树吴城出土

长脊窄翼铜镞，通长 8.4 ~ 9 厘米，翼宽 4.3 ~ 4.9 厘米，江西新干大洋洲出土

长骹铜矛，通长 19 厘米，骹长 7.7 厘米，骹径 3.3 厘米 ×2.1 厘米，叶末宽 4.7 厘米，江西新干大洋洲出土

直内铜戈，通长 28.7 厘米，内长 7.2 厘米，内宽 4.4 厘米，援宽 4.9 厘米，江西新干大洋洲出土

为了“翦商”，周人广泛传播青铜文化和工艺，使商朝在技术方面，不再拥有绝对优势。纣王善战，本不下于武丁，可武丁之时，方国兵器多为石制，故武丁易胜之。而纣时，方国也以青铜制兵器武装，吴城虎方在殷纣王之际，青铜工艺和技术与殷商难分伯仲，甚至精致到有超越之势。

03

金陵王气随想

或问，史曰太伯奔吴，“吴”在哪里？

一说，在赣鄱流域，郭沫若如是说。

然其所据者，无非那一批“周镈钟”而已。

清乾隆二十六年（1761），江西临江府（今樟树）出土了十一口古钟，由地方官具奏以进，被钦定为“周镈钟”。这批钟，几经辗转，有的流落民间，被人收藏。

据说，《铁云藏龟》和《老残游记》的作者刘鹗就收藏过。

后来，王国维写《攻吴王夫差鉴跋》，其中就提到了“有丹徒刘氏所藏一钟”，并释读其金文拓本，指出该钟乃“唯正月丁亥”由句吴王颇高之子“诸减自作”钟。句吴，即古吴国，古音，“句”（音“勾”）、“工”、“攻”相同，“诸”与“者”也相通，故“诸减自作”钟，也称之为“者减钟”，而“丹徒刘氏”，也就是刘鹗。

不久，该钟易主，转入皖人刘晦之的手里。新主刘氏，以金融为业，其志在学，收甲骨甚多，藏吉金亦富，以三十年不懈之努力，聚得吉金拓片二万余，其中就有“者减钟”拓片，由中国书店的金祖同转拓，给了那时寓居日本的郭沫若。

郭氏释读铭文后，得出一结论：春秋初年古句吴地在江西。

还提出，“当时吴都”，很可能就在赣江入湖之口的吴城镇。

还有人考察古吴地的诗歌，发现最早的吴歌，竟然就是“者减钟”上的铭文。因铭文三之二都是有韵的，故郭氏《两周金文辞大系图录考释》释读如下：

> 维正月初吉丁亥……者减，择其吉金，自作鷂钟，铭曰：不帛不骍，不铄不彫，协于我灵龠，俾和俾孚。用祈眉寿，繁釐于其皇祖皇考。若召公寿，若参寿。俾汝惠惠愔愔和和韶韶。其登于上下，闻于四方。子子孙孙，永保是尚。

这铭文很古奥，郭氏释读，颇有《诗经》“大雅”味道。

这味道很容易使我们联想起那位“句吴”先生，是他把这味道带来的。

就在郭沫若释读“者减钟”铭文约四十年后，果然，就在两百年前“者减钟”出土的地方，又发现了比春秋时期更早的吴城文化遗址，接着，新干大洋洲和瑞昌铜矿遗存出土，内容之丰富，分布之广泛，确如郭沫若所言，吴文化从赣鄱流域起源。

吴城文化出土时，虽然郭氏还在，但人在“文化大革命”之中，自顾且不暇，哪还能管什么吴文化？郭氏原来释读“者减钟”，读出了春秋时期赣鄱流域的吴文化，至于春秋以前以及殷周之际，那时所谓的“吴文化”，该怎么读？那就要看吴城文化啦。

从“者减钟”铭文，我们看到了那位“句吴”先生的子孙，从他子孙依稀可见其本人的身影，他肯定来过，并在赣江边上留下过什么，比如说“句吴”之歌。

但不是这首颂歌。他的歌声消失了，但歌的味道，却留在赣江边上，被铸入“者减钟”，那是《诗经》里才有的味道。钟声一响，颂歌悠扬，唱出家天下理想：

子子孙孙，永保是尚。

《诗经》里有“国风”，但“国风”里面没有吴风，大概是因为采风者语言不通吧，吴楚相近，中原人听吴歌，要借助楚语来翻译。

后来《左传》中，哀公十三年，又出现了一首吴歌：

佩玉䍁兮，余无所系之。
旨酒一盛兮，余与褐之父睨之。

这首歌，就纯然是楚辞的味道了，诗人在这里说道：

我应该佩着玉来呀，
可我却无玉可佩，
美酒一盏在那里等我入席呀，
可我却与褐衣老翁在一旁斜视。

这位诗人，便是吴国大夫申叔仪，他来鲁国，乞粮于公孙有山氏，内心里那分忐忑，被诗人如此微妙地提示，如风吹乱丝。那是一首多么尴尬的诗。

可那位鲁国人，却真的很势利，竟然对诗人这样说道：细粮没有了，粗粮还有，你要愿意爬到那山上去，喊一声“庚癸”——我好下贱！就答应你。

当时，货色分十等，上等为甲乙，下等为庚，最下为癸。鲁人提出这样的要求，显然失礼。相比之下，吴人优雅如江南丝，而鲁人粗鄙似茅坑石。

吴人这分优雅，来自吴文化，但不是“句吴”先生带来的。

“句吴”先生带来的是青铜文化，如“者减钟”上的吴歌。

而江南太湖流域，还在良渚时期，就有了丝玉文化，这是更早的文化，有了丝玉文化打底子，吴人才那么优雅，尽管用了楚辞来表达，也还是老底子开花。

即便到了殷周时期，吴文化依然那么高雅，从吴城文化类型的新干大洋洲遗址出土的器物中，我们可以看到它与同一时期妇好墓中的葬品已不分上下。

还有更优雅的，便是《越人歌》，收录于汉刘向撰《说苑·善说》，却被一个俗不可耐的家伙，当作抱得美人归的香艳故事来说，做了他趋炎附势的诱饵。

太庸俗了，就别提它，让我们像鄂君子那样，听越女唱歌吧。

歌是用越语唱的，鄂君子请人用楚语译出，译得那个美呀!

今夕何夕兮，搴舟中流。
今日何日兮，得与王子同舟。
蒙羞被好兮，不訾诟耻。
心几烦而不绝兮，得知王子。
山有木兮木有枝，心悦君兮君不知。

歌是越女唱的，却不是她即兴做的，更不是用来向鄂君子表达爱情的，她只是在唱流行歌曲而已。她一边划船，一边唱，唱她心中的那位王子。

这歌儿，代代相传，究竟传了多久，方到她的歌喉?

大禹治水，来到越地，风雨之中，也许就听过这首歌。

太伯和仲雍，从赣江来到秦淮河，可能也听过这首歌。

也许这歌，就是为他们而作，因为这是一首王子之歌。

王子革命，天涯飘零，能追随爱的歌声，走向永恒之女性，真可谓幸运。革命，发自内心，那是自由意志的觉醒，听啊，越女在呼唤她心中的王子！

而王子啊，就是纯粹的自由意志，即使断发文身了，只要那“独立之精神，自由之思想”还在，他依然就是王子，同是天涯相逢客，自由何必曾相识！

他们相逢了，相逢于句容河畔；他们相遇了，相遇于宁镇山地。

王子说：我一无所有，唯有自由。越女说：我一无所求，但求自由。你看啦，“山有木兮木有枝”，多么活泼的自在之物啊，它什么也没有，唯有自由。

自由多美呀！“心悦君兮君不知”……于是，他们携手而去。

若干年以后，在宁镇山地和句容河流域出现了一个方国——“句吴”，它成了革命根据地，留下“金陵王气”——自由意志，自由的渊薮，必有“王气”。

从金陵王气里，走出多少永恒之女性？从西施到柳如是……

可王子呢？真品罕见，却被假冒伪劣的文人，取而代之。《桃花扇》里，李香君守望侯方域，忠贞不渝，被奸党所逼，婀娜小女子，竟然无所畏惧，向自由走去，在美的悬崖上——雪崩了！美丽的头颅奔向石柱，血花开了，似桃花点点……

可她的“王子”，却背叛了她，做了一名清朝官员。她失望啊！当着侯方域的面，撕了桃花扇，出家了。如此奇女子，可谓渊源有自，古有越女“山有木兮木有枝”，谁能阻挡她的自由意志？一如孔尚任评语：“独立天壤”，“男人齐拜倒矣”！

“心悦君兮君不知”，她那美丽的心思，亦如丝如玉……

王子，是永远青春的标志，不会在一种文化里终老。

继续革命的发动机，哪能在一种文化里熄火呢?

虎方拥戴他们，走向宁镇山地，进入湖熟文化里。

“宁”，指江宁，今南京；“镇”，指镇江。从江宁到镇江，山势逶迤，沿江而起，居江南，为北山，称长垄，号连冈，连绵百余里，虎踞龙盘。

从钟山到石头山，为古金陵风水线，都属于宁镇山地。

这一线，钟山龙蟠，为最高峰，其色紫，称紫金山，因山立号，又称“金陵”，因古人以铜为金，以山为陵，所以“金陵”的本义，即铜山。

从眼下来看，紫金山还是紫色的，但从未发现有铜，两千年前，也许有过铜，就像无锡的锡山从有锡变成无锡那样，金陵也是从有铜变成无铜的。

以“金陵”名邑，初起于战国之时，楚威王攻越至此，杀越王无疆，尽取故吴地，登石头山，欲以立邑，向前看，金陵在目，当下一指，即以名之。

宁镇山脉，以金陵为祖山，沿长江南岸，向东西延伸，西行止于句容河——今秦淮河边，因其多石，故名石头山，东行止于镇江，有北固山，亦称金陵。

楚以“金陵”名邑，于史可稽，然以“金陵”名山，未知起于何时。

若欲正名，须识端倪，“金”的意识觉醒，当起于青铜肇始。

吴地青铜时代，始于湖熟文化，两位王子来时，正值湖熟文化从新石器时代转向青铜时代，而两位刚好到来的王子就成了为青铜时代接生的助产士。

他们是沿着长江中下游铜矿带，一路寻觅，来到宁镇山地的。

此前，他们到过湖北大冶、江西瑞昌、安徽铜陵，并以采药为名，进入当涂与江宁交界的横山，即今之小丹阳，由附近铜井、铜山地名可知，此山原有铜矿。

长江下游铜矿带，如以江宁为中心，可分为两支，一支往东去，分布在宁镇山地，如江宁与句容接壤的九华山铜矿区，就发现了伏牛山和安基山两处古铜矿；另一支向西，经由宁芜十里长山，直至铜陵，铜矿就更多了，故“金陵”之名，非特指钟山一隅，而是铜矿带标志，非欲盖“此地无银”，而是广而告之——此地有金！这便是王气。青铜时代，有铜就有王气，背靠铜山敢称王，春秋时期，中原诸侯谁敢称王？而吴楚敢！

这就是王气。吴楚敢称王，其根源在于拥有铜矿。楚能“饮马黄河，问鼎中原”，就因为拥有大冶铜矿，而吴敢北上称霸，也是因为拥有了宁镇山地的铜矿。

句容九华山铜矿，两千多年前就已开采，刚好是吴越春秋时期。

古矿场的开采据说采用了“之”字形斜坡道分段开采技术，这样的工艺，直到 20 世纪，才由在世界采矿业中领先的瑞典人，完成了从试验到应用的推广。

先进的工艺不会突然出现，它需要一个很长的发展时间。

究竟有多长时间？若从作为中国青铜文明标志的最早的铜矿江西瑞昌铜矿算起，用了一千多年的时间，从长江中游赣鄱流域的吴城文化向着下游宁镇山地的湖熟文化推进，若从就近的湖熟文化里去寻找答案，也应当回到太伯奔吴那个开端。

这一千多年，分了四个阶段，商代中期和晚期，周朝西周和东周，使整个长江流域都被青铜文化覆盖了。上游的三星堆文化，中游的吴城文化，下游的湖熟文化，都有成熟的青铜器生产，除了上游的三星堆文化还没有发现铜矿遗址，中下游地区则多有铜矿发现，也许三星堆文化里的青铜器并非古蜀自产，引人注目的是其独特的文化样式。

太伯兄弟南下，奔铜矿去，上游地无铜矿，他们不去，往中下游去，行于赣鄱流域和宁镇山地，从吴头楚尾的吴城文化走向吴风越韵的湖熟文化。吴城文化的铜矿，在太伯到来之前就有了，而湖熟文化的铜矿，则有可能是太伯到来之后才有的。

江南沿河两岸，常有一些长方形、椭圆形、圆形平顶土丘，这在考古学上叫作“台形遗址”，因为最早在湖熟发现，所以“台形遗址”就成了湖熟文化标志。

宁镇一带，多台形遗址，已知有数百处，几乎都是近水的河阶台地，其分布状况，既有单个的，也有成组的，台面高于地面 5 ~ 10 米，以防发大水，每一台地自成一聚落，以小家庭为单元，每户居住面积约 20 平方米，总占地 7000 ~ 8000 平方米。

几百个这样的台地，被一条河流连成一体，国土初露端倪。

河流原名“句容河”，据说，就跟那位句吴先生有关，后来改名“秦淮河”，则跟秦始皇有关。总之，此二人者，一以“革命”命名，一因“统一”改名。

以“句容”命名，显然留下了当年句吴国的遗迹，句吴国所在地在句容、丹阳之间，句曲山下。或言其名亦因句曲山而得之，此一说也，反之，似亦成立。

太伯、仲雍来时，民归之千余家，便是句容河畔的台地居民。

他们从横山下来，来到句容河畔，顺着河流，进入句容山地。

想当年，那位句吴先生在此，用手一指，名其所居之地曰“句容”，名其背靠之山曰“句曲”。“句”音钩，“吴”音鱼，故“自号句吴”，乃以“钓鱼”示隐也。

钓者，“吴”——渔也，大隐也，为革命而隐，如姜太公钓鱼。

太公钓于渭水，文王车载以归，何以一见相知？因有句吴先例。

当年句吴先生就钓于宁镇山地句容水，革命的王气流淌在水里。

句容之水，源出天井泉、杨柳泉，二泉位于宁镇山脉的宝华山北麓，被众山阻隔，无法入江，只好南流，汇众山之水，形成句容河，绕句容城，往西流去。

句容之地，坐落在宁镇山脉中段与茅山丘陵交界地区，东、南、北三面皆环山，中部垄岗起伏，西部低洼，地势由东北向西南倾斜，形成天然泄洪水道和水运走廊，句容河水顺势而西行，行至方山下，汇入南源溧水，转而往北奔流，抵达长江。

所谓“金陵王气”，就在句容河的源头句容发祥，顺其地脉，山龙北上，至钟山然后西行至于石头山，聚王气于宁镇山中，结穴于九华山铜矿，发扬而为虎踞龙盘之势，而有金陵形胜；水龙西下，穿过方山，发扬而为湖熟文化，然后北去，至石头山下，未能结穴，因秦统一，被秦始皇泄王气于长江，遂更名为秦淮河，使浪花淘尽英雄。

者减钟，高 28.8 厘米，舞横 13.5 厘米，舞纵 10.2 厘米，重 6.15 千克，上海博物馆藏

吴太伯与“者减钟”的关系

吴太伯是周太王的长子，周太王想把王位传给聪明伶俐的孙子姬昌（周文王之父，武王、周公之祖父），于是，太伯便携二弟仲雍奔吴，成全父王传位给季历（姬昌父）的愿望，这就是吴太伯奔吴的故事缘起。此“吴”指无锡梅山一带，是太伯下江南的最后一站。其实，太伯出奔，可不仅仅

是为了让位，而是有着更为深远的使命。他们偷学了殷商垄断的青铜技术之后，便从商洛出发，奔向赣鄱流域的吴城，再到宁镇一带的无锡。一路上，传播青铜技术，对殷商形成一个有效的大包围圈。除了种种蛛丝马迹的实证外，“者减钟”的浮世，为太伯奔吴落脚在赣鄱流域之吴城提供了线索。

“者减钟”于乾隆年间出土于江西临江府，正是樟树吴城所在地。王国维释读此钟铭文，知此钟乃句吴王之子“诸减自作”，吴人铸造于吴地。“句吴”为古吴发音，但究竟指樟树吴城，还是无锡？郭沫若在释读铭文后，指出“句吴”是春秋时期对江西吴地的称呼，“当时吴都”，很可能就在赣江入湖之口的吴城镇，而且“者减钟”上的有韵铭文，竟是最早的吴歌，颇具《诗经·大雅》之风，也许源自周太伯当年的传唱。

《诗经·国风》里没有“吴风”，但有“楚风”，吴楚相邻，有人就会用楚辞翻译吴歌，当然也可以类推翻译“越歌”。当时的江西是吴头楚尾，兼通吴语和楚语很正常。

吴太伯奔向赣鄱吴城时，正值殷商末期，与新干大洋洲或吴城青铜繁盛期接近。从赣鄱吴城的青铜器风格来看，除了与殷商有传承痕迹外，更多则有良渚文化优雅的丝玉气质。当良渚文化向东南迁徙时，赣鄱吴城一带那时也许是他们的落脚地吧。

中国古乐有八音，因材质而分，金第一。金音，指青铜铸成的钟声，昂贵的悦耳之音，只能来自贵族之家。所谓“钟鸣”，便是贵族之声。“者减钟”为句吴王子铸，钟鸣吴声，在江南流行。就这样，因“者减钟”牵出了“吴太伯奔吴”的真相。

04

人在江南敢称王

太伯两兄弟，在句容定居，但他们的脚步没有停止。

宁镇山地有铜，可青铜还需要锡，铜和锡，像两兄弟。

于是，往东南去，他们就进入了太湖流域，来到无锡。

那时，无锡有锡山，锡山有锡，所以不叫无锡。后来，锡采光了，才叫作无锡。谁说锡山有锡？是唐人陆羽，他写了一篇《游惠山寺记》，提到有锡。

其中说道：惠山东峰，即锡山，“当周、秦间大产铅锡，至汉兴方殚，故创无锡县，属会稽……自光武至孝顺之世，锡果竭，顺帝更为无锡县，属吴郡”。先秦时期，锡山的锡产量还很大，汉初时，已明显减少，至东汉，基本上就没有锡了。

两汉之间，出了一个新朝，新朝主子王莽，专门与汉朝唱反调，例如，他把“东明”改为“东昏”，“符离”改为“符合”，“无锡”也被改为“有锡”，用来表示他革命了。

用改名的方式来“革命”，并非王莽首创，首创者还是那位秦始皇，他不单给自己创造了“皇帝”之号，还将“金陵”改作“秣陵”，把“句容河”改作“秦淮河”……

王莽那一套，虽然是秦始皇吃剩下的余羹，但在帝王学里，依然很吃香，不过，王莽失败了，等到刘秀复兴汉家，又恢复原来地名，将“有锡”改回“无锡”了。

这么改来改去，改出一条谶语：“有锡兵，天下争；无锡宁，天下清。有锡沴，天下弊；无锡乂，天下济。”这条谶语，出自晋代周处《阳羡风土记》，据说是东汉樵客于锡山下得之，后载入《大清一统志》。总之，无锡比有锡好，反映了民意。

无锡之名，始见于《史记·东越列传》，汉初，封“无锡侯”。

汉制，侯国为县，《汉书·地理志》有“无锡县”，属会稽郡。

《越绝书》的出现，虽然晚于《史记》《汉书》，但其所记之事，多为春秋战国时吴越两国之事，该书《吴地传》，多次提到“无锡”：“无锡西龙尾陵道者，春申君初封吴所造也。属于无锡县”；“无锡城，周二里十九步，高二丈七尺，门一楼四”。

此外，尚有“无锡历山”“无锡塘”“无锡湖”等。由此可见，“无锡”之名，实出于楚，与吴、越两国无关。难道楚人来时，此地就已经没有锡了？

《越绝书》虽出于东汉，但据说此前已有《越绝》流传。

清人俞樾《曲园杂纂》卷十九说：“是书为继《春秋》绝笔于获麟之年，吴越之事略而未详，此书踵而成之，直至勾践之霸而绝。”“继”之者何人？人称子贡是也。何谓“绝”也？其本义，乃《说文解字》所释“断丝”，故“越绝”者，止于越也。

又有李慈铭以“圣人殁而微言绝，圣文绝于彼，辩士绝于此，故题其文谓之‘越绝’”来说“越绝”，其中，拈来“辩士”二字，似亦针对子贡之流。

我们知道，子贡是参与了勾践灭吴之战的，正是他南来北往的外交活动，打消了吴王夫差的疑虑，才使得勾践有机可乘，以“辩士”言子贡，可谓恰如其分。

若以书名言之，言其始，当称《吴绝》，言其终，则为《楚绝》，何以书名为无始无终之《越绝》也？一者，此乃儒家行中道之方法，即用其中也；另一者，为儒家反霸权之立场，羞言霸业，而立于礼也。故《越绝书》称勾践为“以霸业终结霸权”者。

或问，不以霸业之首称“齐绝”，而以霸政之末称“越绝”，何也？

曰：儒者贬齐桓公“兵疆霸世之后，威凌诸侯”，而赞勾践能以霸权自律，“诚在于内，威发于外”，“贵其内能自约，外能绝人也”，“越专其功，故曰越绝”。

又问，既然“越专其功”，何不将越置于首位，而以吴太伯为第一？

曰：以勾践之能让和艰苦卓绝似太伯，故太伯传人不为夫差而为勾践。

孔子称太伯三让天下，以为至德，而《越绝书》称勾践抑强扶弱，亦让地也：“沛归于宋，浮陵以付楚，临沂、开阳，复之于鲁。中国侵伐，因斯衰止。”

对于吴太伯，孔子言其退让，而不言其进取；言其孝顺，而不言其革命，是以周礼视太伯，而不知太伯早就断发文身，已非周礼中人。若据此以言之，言其让位可也，言其与周礼决裂也未尝不可。然孔子言太伯，立于礼也，太史公言之，亦立于礼也。

此二人，如是说来，变成定论，致使风华绝代之革命家，仅以“让”闻，以至于后来读史者，每于殷周之际革命，辄言文、武、周公，谁还知有太伯、仲雍？

儒家将革命归于文、武、周公，于太伯、仲雍头上，则冠以礼让，其用心可谓深也。孔子自称“吾从周”，他“从”的就是文、武、周公一路，太伯、仲雍一路不是“周”，而是“吴”。“断发文身”，乃“吴”人也！“自号句吴”，说“吴”语也！

太伯、仲雍入吴，不是以周化吴，而是“吾从吴”了。这对主张“身体发肤，受之父母”的儒家来说分明是叛逆，怎么反而说是孝顺呢？分明是反其道而行之，怎么反而成了礼让呢？这本来是周的家丑，可经孔子用“礼让”这么一说，反而成了美德。

儒家的底蕴里就有这样一套辩证法的功夫，所以，历代王朝都喜欢。

太伯虽然“吾从吴”，但他也给吴文化带来了两样东西，一样是青铜工艺技术配方，另一样是周人革命理想，有了这两大法宝号召，吴人奉他为王，跟他去“翦商”。

太伯称王，比周朝要早，当小邦周还寄居于周原觊觎大国商时，他就开始称王了，“让天下”一说，其实是无稽之谈，那时，周还未有天下，甚至不敢称王，何让之有？要让也只是让了一个周侯之位，而这样的侯位，对革命者来说，未必看得上。

人在江南敢称王，这大概就是所谓“王气”吧！那时，吴太伯的地盘究竟有多大呢？按《史记》和《吴越春秋》的说法，句吴古国“四至，东亘沧溟，西连荆郢，南括越表，北临大江”，其实，那就是把赣鄱流域的吴城文化和江浙地区的湖熟文化都连起来了。

他把吴城文化虎方的那只虎也带来了，《山海经·海外东经》说：“朝阳之谷，神曰‘天吴’，是为水伯。”“天吴”，人面虎身，有八头八尾，还有八条腿。

在《山海经·南山经》和《山海经·大荒西经》中，“天吴”，又被称作“天虞”。

现代汉语中，吴、虞读音不同，词义有别，但先秦时音和义都相同。

“郭店楚简”中有《唐虞之道》一篇，其中“虞”字，都写作“吴”。

“吴”字出现，比“虞”要早，而“虞”字，是“虎”与“吴”的结合，从虍吴声。这个字的出现，应该归功于太伯、仲雍，它是虎方与吴统一的标志。

统一的进程，从太伯开始，而由仲雍完成，为此，仲雍自称“虞仲”。关于“虞仲”，宋人范成大解释说，太伯弟仲雍，又称虞仲，是因为周初分封时，封仲雍之后周章于吴，周章弟名仲，封于虞，号虞仲，后代人以国名称祖先，故又称仲雍为虞仲。

此说，见于《吴郡志》卷四十八之《考证》。这样的说法，应该是没有错的，但是却本末倒置了，不是先有虞国而后有虞仲，而是先有虞仲而后才有虞国的。

开国英雄是太阳，自己会以革命发光，无须向周礼的分封制借光。

与虎方有关的国名是虞国，在山西；与虎有关的地名叫作“虎丘”。

这一地名，至今还保留在苏州。其名之由来，有“剑气说”，以阖闾葬于虎丘下，用扁诸、鱼肠剑各三千为殉，剑气化为白虎。还有“形似说”，以虎丘形如蹲虎而名之。

传说，秦始皇来此掘墓，欲取墓中剑，灭吴地剑气，没想到阖闾化为一只白虎跳出，吓得始皇拔腿就跑，从此作罢。传说中的白虎，虽然有趣，但不过说说而已。

可项羽这只虎，却真的从苏州跳出来，向他大吼：彼可取而代之！

这才是真正的虎气，地动山摇，而秦始皇浑然不知，活该逃不出二世。

虎丘，是燕山运动的一部分，在海涌中形成，其余力绵绵不止，溢于地表，聚于河海之间，而为山川竞秀，太伯、仲雍于古历山（今惠山）下得之，是谓“王气”。

《山海经》里的人面虎身神，出自明人胡文焕图本

人面八首虎身神，出自山东武氏祠汉画像石

太伯奔吴，从赣鄱吴城一路到达宁镇无锡。宁镇指太湖以北长江下游一带，包括南京、镇江、无锡等，大概就是当年吴太伯继续“翦商”的路线，或沿长江顺水而下，或在密布的江河湖泊间穿行。一路上留下了他的足迹，以及关于“句吴”的传说，吴太伯成为吴地文化的缔造者，他才是真正的江南之王。在江南广袤的水乡泽国中，随处可见以“句吴”为名号的地理称谓。《山海经·海外东经》有天吴神，虎身人面，有八首、八足、八尾，又叫水伯或谷神。

05

天命在哪里

—— 殷周往事

有时，我们会从内心深处听到一种声音，那是思想的自语。

可初民不知，往往从身旁的四面八方寻找发声的实体，没有找到，就抬头望天，因为风雨雷电的声音来自天宇。这是神话思维，把功能实体化，可以虚拟。

天命虽为虚拟，但它有内心的依据，是思想以天来开显自己。

可思想者们过了很久，才自觉于此：要进入轴心期，才懂得“心之官则思”。把思想看作心的功能，是思想对“思”的反思，人类一旦反思，就走出神话思维。

即便如此，“思”仍趋于天际，“头顶上的星空”太神秘，吸引着“思”。当思想者习惯以天为“思”的本体时，“思”就有了普遍意义，成为权威话语。中国之思，从《周易》开始，不必说伏羲画八卦、神农结绳记事，那些事太遥远了，如红外线，今天似乎还在离我们远去。而有些事，却在向我们走来，向我们诉说，唤醒我们的潜意识，那是一种沉睡了的历史记忆，使之复活在我们的“思”里，例如殷周往事。

就在漳河边上，曾经有一座殷都，当年，那里花天酒地，光怪陆离。

从殷都往南去不远，就有一处，名叫羑里，那里有一座监狱，关押了一位思想者。三千年前，他被关在了这里，那时，他已年过八十。从这里，他向远处眺望，天地之际，无平不陂，无往不复……而蓍草青青，开出白花点点，正好与他相伴随。

据说，蓍草通灵，《博物志》说“蓍千岁而三百茎……故知吉凶”。

此言不涉及蓍草本身的植物学知识，而是表达有关天命的信息。

蓍草，又称锯齿草，叶片边缘有锐锯齿，夏秋之间开白色的花。

那时，占卜用龟，因龟活千年，其甲能通灵，经凿、钻以后继以火烤，所现裂纹，即为卜兆。殷人以卜兆定吉凶，在卜兆旁，刻出占问之事，今人读之，叫作“卜辞”。或曰，王有疑，先自觉，再疑，则谋及卿士，谋而不决，就要听取百姓的意见，还是决定不了，最后，就要靠卜、筮来解决，也就是在人力之外，听天由命，让神来安排。

卜用龟甲，殷墟多见之，筮用蓍草，则从他开始。他有大疑，无人商议，唯有蓍草，可筮用之。此何人哉？周文王也！其名姬昌，乃“西伯拘羑里，演《周易》”。

所谓“西”，乃西周是也，因其都于周原，在殷都之西，“伯”者，王也，指周文王。文王何疑？疑在天命！殷人尊神，率民以事神，故殷文化以神为本，神之于卜辞，称帝或上帝，而“天”在卜辞中，从一从大，并不含有后来天命观所具有的意义。

“天”从大变成至高无上，是一个历史的过程。《尚书》里讲了一个故事，说初民时期，天人往来没有限制，人人都能通天，各自解释天意，人人都有神性，都以自我通神。后来，蚩尤作乱，上帝因命重和黎两人分管天、地，断绝了天人往来。“天”从此改变，从各人头顶自有一片天，变成一个由国家来看护的具有绝对统一性的“天”。

这就是《尚书》里所反映的神话与历史交错的“绝地天通”的故事。

《国语》也指出，上古时期，民和神的关系，经历了三个发展阶段。

一是“民神不杂”的个体性阶段。这一阶段，原始灵媒凭借个人天赋而自发地显现。能自发地与神沟通的个体，在男曰“觋”，在女曰“巫”，人各有其神，或曰“我就是神”。二是“民神杂糅”的大众化阶段。这一阶段，原始灵媒泛滥，具有广泛的群众性，家家祭祀，人人作巫，祀神无度，在神面前，众生平等，泛神论主导了民生，影响了王权。三是“绝地天通”的权威化阶段。这一阶段，王权垄断了神，由王来贯穿天、地、人。董仲舒《春秋繁露·王道通三》中的“王”，就与此义相通：“古之造文者，三画而连其中谓之王。三者，天、地与人也，而连其中者，通其道也。取天、地与人之中，以为贯而参通之，非王者孰能当是？”

“绝地天通”以后，神已落入王权的彀中，人民从此无权过问天事。

从表面看，这次“神化”革命，起因于“民匮于祀”引起的经济危机，而其根本，则在于“民神同位”对王权的威胁，王不独掌神权，怎能“率民以事神”？

颛顼“绝地天通”，取缔了神的全民化，导致了神的异化。为反抗异化，共工奋起，头触不周山，“天柱折，地维绝”，以神话的方式，显示了原始的自由之思想。

“绝地天通”所反映的神权意识，正是商王政治权威神化的现实。

商王作为人间最高政治权威，同时又是最大的神职人员——巫觋。

王有王的逻辑，要求绝对权力，要与天、帝合一，成为最高存在。

他先让祖先上天，实现帝祖合一；再让王权上天，完成帝王合一。

殷纣王曰“我生不有命在天”，他真的把自己放在天上了。他认为，自己已经完成了对天的统一，叫作“天王合一”，他就是天，就是帝，其命在天，谁能奈何？

可文王却发现，天命无常，天靠不住，还要靠人，靠有德、有智。

“天命”在哪里？殷人确信“天命”，将它熔铸在青铜里，开裂在龟甲上，以为只有重器与灵物，才能承载天意。而文王眼前唯有蓍草，他取了草来，分阴阳二爻，天命在此！

他以算卦代替占卜，以“算命”代替“由命”，用阴阳二爻，开启了中国哲学的源头，或曰“哲学说希腊语”，但别忘了，哲学还说过古汉语，从《周易》说起。

文王起卦，其筮问命运的方式，与殷人迥异，欲以阴阳二爻，演数理，而通命理，以六十四卦、三百八十四爻，覆盖历史，囊括人事，天命似乎就可以用基于历史经验的术数之学来算解了。文王的命运意识已远在殷人之上，当殷人还在诉诸某种神秘的表象时，他已经开始了抽象的演算，以乾坤开头，以既济与未济收尾，将人世间的种种变化包含其中。

立天之道，立地之道，立人之道，把天、地、人统一起来，做整体思考。

殷人占卜，窥视裂纹，无非是要侦知偶然性，防范之，免受其袭击。而文王算卦，是要把握必然性，走出殷人神话思维，进入理性之域。卜兆，颇似神谕，而起卦，则是认识自己，把自己放到六十四卦、三百八十四爻中去，人事的全部可能性都包含在这里。就这样，一个囚徒，一个死之将至的囚徒，竟然要在狱中为天命立算法。

文王在羑里被关了七年，而这七年，却使他获得了新生。他失去了身体自由，却获得了心灵自由，思想从“事神”中解放，从此不问卜兆，因为他发现：天命可算。

他用蓍草取代了龟甲，筮演天命，发现天命未济，当以革命行之。

天地革而四时成，革命者顺乎天而应乎人，革命就要来临，使他焕发青春。

革命，是自然规律的一部分，其合法性源于天地，基于民心，以德为本。“德”通“得”，得天命，得民心，天命无常，是革命的前提，他以德为本，坐实了天命，承诺了民心。革命来临前，世界最黑暗。姬昌数年如一日，以蓍演易，难免令人起疑。

纣王想出了最残忍的主意——将文王的长子伯邑考杀死，做成肉羹给他吃。他心知，强忍之。纣王见他吃了自己的儿子，就以为他不过如此，便放松了对他的警惕，当周人用美女和财宝来换，就把他放了。如今，在羑里城的西北角，距演“易”处不远，有一处坟冢，那就是伯邑考之墓，也叫“吐儿冢”。传说这里是周文王吃儿肉时吐肉羹的地方。当地老百姓又称之为“兔儿冢”，说他吐的肉都变成兔子跑了，所以羑里城的兔子打不得。在当地人眼里，那些活蹦乱跳的兔子，都分担了伯邑考的亡灵，都有那么点使命。

文王终于返回周原了，默运革命之筮，施仁义，行德政，开始“翦商”。

周人“翦商”，有两条路线：一由丰、镐向东南，经营汉水上流，渐及淮河流域，此为文王翦商路线；二由丰、镐向东北，经营河、洛，及于殷商，此为武王路线。

武王高举革命大旗，率军出了潼关，来到豫西孟津河边，会盟各路诸侯，一起向纣王所在的朝歌进军。此时，三分天下，周已有其二，对商形成了政治包围圈。

好个文王，他究竟采取了怎样的“德政”，使形势发生了如此大的变化？对此，顾准告诉我们，商的力量源于青铜，青铜工艺乃商立国之本。周人起于西方，能迅速强大起来，就是继承或窃取了商的青铜文化和工艺，周人所谓“德政”，就是在青铜文化和工艺上，采取开放和传播政策。文王时，周仁义播于天下，势力达于江汉，而征伐又只有四次，秘密所在，就是传播青铜文化和工艺于诸侯。故武王伐纣，会盟八百诸侯。武王率盟军，向东方，迎着木星前进，军旅汜水，雨至山崩，天空出现彗星，头东尾西，奔朝歌而去。

朝歌，是纣王都城，从羑里——今之汤阴南行，至淇县，就是朝歌了。

那是朝着太阳唱歌的地方，纣王在朝歌城里建了鹿台，登上鹿台，喝两口酒，就引吭高歌。你想想看吧，那是怎样的感觉？醉醺醺地唱，一直唱到日落，连星星也出来了，就不再唱了，御风而行，去摘头顶上那闪烁的星。白天唱歌，晚上摘星，本来纣王就是神，他喜欢待在高台上，因为高台入云，就在天上，他不是说“我生不有命在天”吗？他想在天上，不愿下来。周人打来了，他发兵去迎击，向西南，行至今日新乡——那时叫牧野，大国商和小邦周，在这里打了一仗，这是有史以来的第一仗，不光《尚书》里面有记载，还铸在了青铜器上。

这件青铜器，被称作“利簋”，1976 年在陕西临潼出土，器内有铭文 4 行，计 32 个字，说武王征商，就在甲子那天，向一位名叫“利”的有司卜问吉凶。

本来，武王已做了一个好梦，可面对纣王大军，他还是要卜问一下。

卜问的结果与他的梦相同，于是他坚信“朕梦协朕卜……戎商必克”。

后来，梦和卜都应验了，便在辛未日赐金于利，利铸器，为利簋。

在中原大地这块热土上，你随便触摸一下，都会感到滚烫的历史。我们在这里提到的地方，如安阳，发现殷墟，那里有甲骨文出土；而汤阴之羑里，则是《周易》诞生的地方，也可以说是中国哲学的源头；还有新乡，那是革命的发源地，不光周人革命的牧野之战在新乡，殷人革命的鸣条之战也在新乡，中国革命的两位祖师汤和武，都在这里成就梦想。

当年，纣的祖先汤，在此放逐了桀，现在被放逐的人轮到汤的裔孙纣了。纣虽荒唐，却不窝囊，为了一个女人，他不惜得罪天下，宁愿情殇。他带着心爱的女子，在鹿台上，饮酒高歌，然后放了一把火，大吼：“我生不有命在天！”——他死也要死在天上。

对天如此执着，乃是基于纣“帝王合一”的政治思想。既然祖先都在天上，那么他也要在天上，祖先与“帝”合而为一，他也要与“帝”合一，纣便是个这样的君王。

纣相信，自己就是“帝”的人格化的具体存在，他的使命就是建立一个“帝王合一”的神权帝国。为此，他东征西讨，给周人以可乘之机，使他的追求半途而废。

就在他临死前，我们来放眼一下那时的世界，例如，地中海世界。

地中海世界的文明之花亚加亚人，与黄河边的文明之花殷人，有些相似。当亚加亚人从特洛伊战争疲惫归来时，殷人也从征伐东夷的战争中归来。那时，两个世界都在流行“女子与小人”的故事，当地中海世界的王者阿伽门农死于“女子与小人”的阴谋时，同样胜利归来的商王纣，却在另一场毫无准备的战争中，以爱情做了他失败的殉礼。两个世界的王者，命运相似。傅斯年与顾颉刚论古史说，纣能以爱而亡其国，诚哉一位戏剧上之英雄！在天下诸侯的合围中，他以大英雄之本领与命运争，终于不支，自焚而成一壮烈之死。

这样的评价，已非考证古史，而是惺惺相惜了。如此读史，我辈心仪。

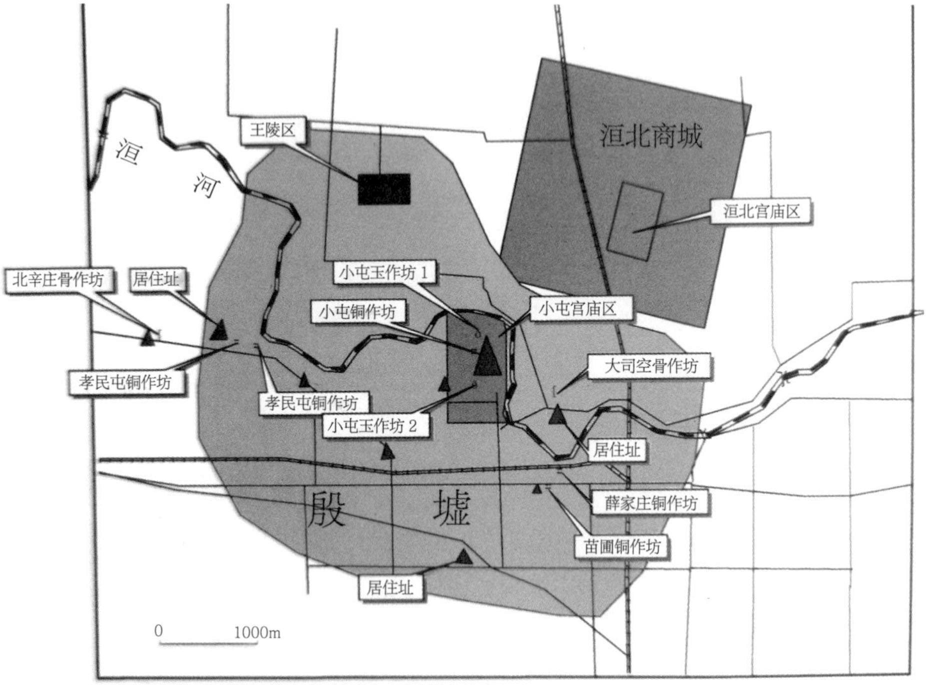

殷墟范围及主要遗址分布示意图

盘庚定都

约三千六百年前，商汤大败夏桀之后，把国都建在洛阳盆地东缘，称“亳”，考古称“偃师商城”。这里北依邙山，南临洛河，东阻成皋，西挡崤山。商坐落其间，坐北朝南，君临天下，如坐太师椅一般，可不久，又迁都了。

天命逡巡，仁爱殷民，便把它的眷顾化作这里的仁山智水。

但殷人的头脑，还在初民的颈上，只开了鬼神和征战两窍，那具有理性美的思想之域，依旧混沌一片。此后三百多年，十九个王，迁都五次，

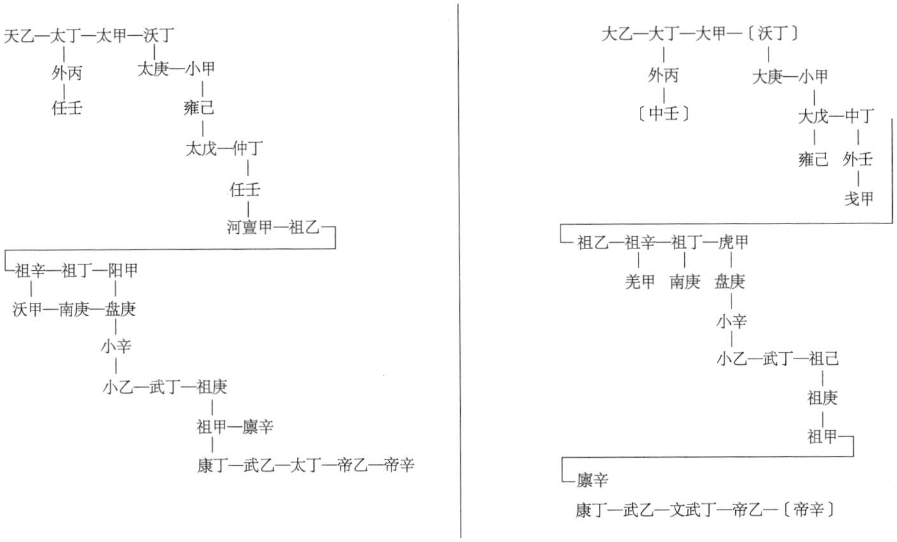

左侧为《史记·殷本纪》商王世系，右侧为甲骨卜辞所见商王世系

《史记》商王世系与甲骨卜辞商王世系对照表

到盘庚，因黄河大水，将都城迁往殷地，改称殷人，从此定居河南安阳小屯，在此安身立命。盘庚、小辛、小乙是三兄弟，“兄终弟及”，据殷地，做殷人不再迁都，直到商亡。

又过了三百多年，第三十代纣王，在不远处，设了一座监狱，囚禁周文王姬昌，那地方叫羑里，整整七年，文王便在这里演《周易》。

20世纪初，一个偶然的机遇，人们发现了安阳小屯遗址，把它叫作殷墟。殷墟的发掘，震惊了考古界，它的价值和意义非凡，因为从遗址里，人们看到了一种从未见过的文字——刻在龟甲和牛骨上的甲骨文。至此，人类文字史又增添了一大古文字体系，而且比起已经沦为化石的古老文字，诸如古老的埃及象形文字、两河流域的楔形文字，甲骨文则一直在演变，以至于沿用至今，是为汉字。

除了甲骨文字证明了商王朝的历史，还有宫殿区证明商王朝的存在。广义的殷墟范围包括殷墟以及洹北商城，总面积约36万平方千米。洹北商城的年代早于殷墟，位于洹水岸边，约公元前14世纪至前13世纪中期，相当于商王亶甲至小乙之间的某一时期。殷墟一期是商王武丁早期；殷墟二期是武丁晚期到盘庚、祖甲时期；殷墟三期是廪辛、康丁、武乙、文丁时期；殷墟四期是帝乙、帝辛时期。

洹北商城有两处四合院宫殿式建筑，殷墟一期时，洹北商城被放弃，小屯成为新的都邑中心，筑起若干宫殿和宗庙，居民点分布在宫殿和宗庙区的外围。殷墟二期，宫殿和宗庙区外围开始修筑深壕，进一步完善了殷墟都城体系，从出土器物看，手工业繁荣。殷墟三、四期在不断扩大规模，有数十处“邑”，邑中有房址、道路、水井、窖穴、手工作坊、排水系统、蓄水坑等。高级建筑是四合院的规格，房屋附近基本都有排水设施，道路分大路与小路。

殷墟的手工业十分发达。铸铜作坊6处分布在洹河附近，制骨作坊3处，发现了大量骨笄，证明男女都要束发，骨料以牛骨与猪骨居多。还有青铜锯等。殷墟出土的玉器之精美，种类之繁多，令人惊叹。但玉器作坊不完整，小屯北地发现有两处房址与制玉有关，房址中出土了较多的石料和较多的长方形磨石残块，以及部分玉雕品。制陶作坊占地面积很大，分布在人工开凿的水渠边上，水渠长达2000多米，供给生活和生产用水。

殷墟的墓葬区颇讲究排布，妇好墓是迄今所发现的保存最完整的商代贵族大墓。

从殷墟的发掘来看，此城呈现了商人王朝国家的基本生活样式。

骨刻刀，长 8.6 厘米，刃宽 0.7 厘米，河南安阳殷墟妇好墓出土

兽面纹雕骨，长 17.3 厘米，宽 8.5 厘米，厚 1.2 厘米，河南安阳西北冈 1001 号大墓出土

骨刻刀，长 7.8 厘米，刃宽 0.8 厘米，河南安阳殷墟妇好墓出土

鸟纹骨雕，长 7.1 厘米，宽 3.9 厘米，厚 0.14 厘米，河南安阳西北冈 1001 号大墓出土

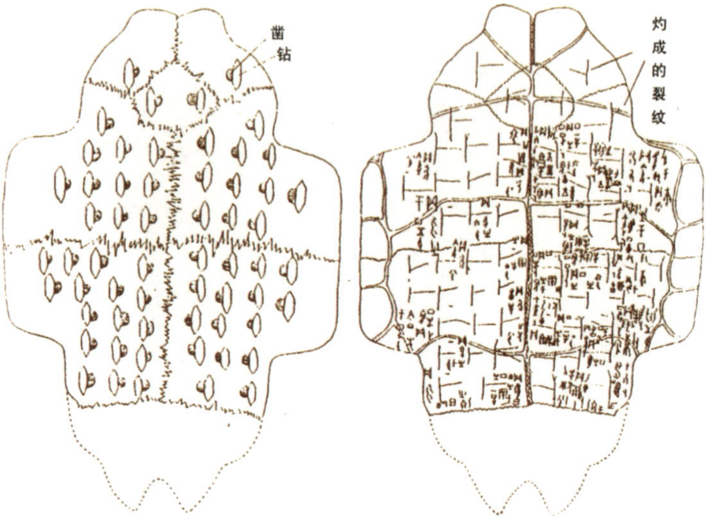

裂纹的魅力，甲骨正反两面

殷墟出土的龟甲正反两面

裂纹的魅力

殷人的一切行为，都要请示神，占卜就是向神请示。

占卜，多用龟的腹甲和牛的肩胛骨，在它们的背面，挖若干个椭圆形凹槽，凹槽旁边，挖一个蝶形浅槽，随后用燃烧的木棒顶端抵紧凹槽。龟甲或牛骨的表面，因迅速受热而铺散开许多线型裂纹。简言之，占卜通过钻、凿、灼来完成。

裂纹的魅力，对于殷人来说，在于它隐藏着某种命意，吉凶都在纹里，只有贞人（占卜之人）才能诠释，叫卜辞。

殷人占卜，会把何时、何人占卜何事，用文字刻在卜问后的龟甲或兽骨上。这类文字，就其载体言之，叫甲骨文；就其功能言之，叫卜辞。

贞人将占卜内容刻录完之后，将自己的名字，刻在上面。卜辞内容涉猎政治、经济、文化、天文、气象等，呈现了商王朝丰富的历史内容。

唯物主义谈文字起源，不离百姓日用，总要从“结绳记事”谈起，可迄今为止，我国所见最早的文字，却是甲骨文，多用于王室记事和“神道设教”之事。

占卜，催生了文字。中国一套独特的造字法形成了甲骨文，提供了中国历史上第一批珍贵的文字资料，以与后来的文献资料对证。

至于“卜”字，占卜之前，在龟甲或兽骨背面先实行钻凿，占卜时再于钻凿处灼烧，正面就会裂出“卜”形的卜兆，根据卜兆判断吉凶，之后再把判断语写刻上去，卜辞就这样产生。

习刻兽骨，长 10 厘米，宽 6.2 厘米，河南安阳小屯横十三丙北支探坑出土

这应该是一片练习的刻片，上面刻画了几只猴子，还有鸟等，生动有趣，可以算作绘画史上的一件作品。写刻甲骨文的人，在正式任职之前，先要经过一段时间的练习，这样的练习片也出土了不少。

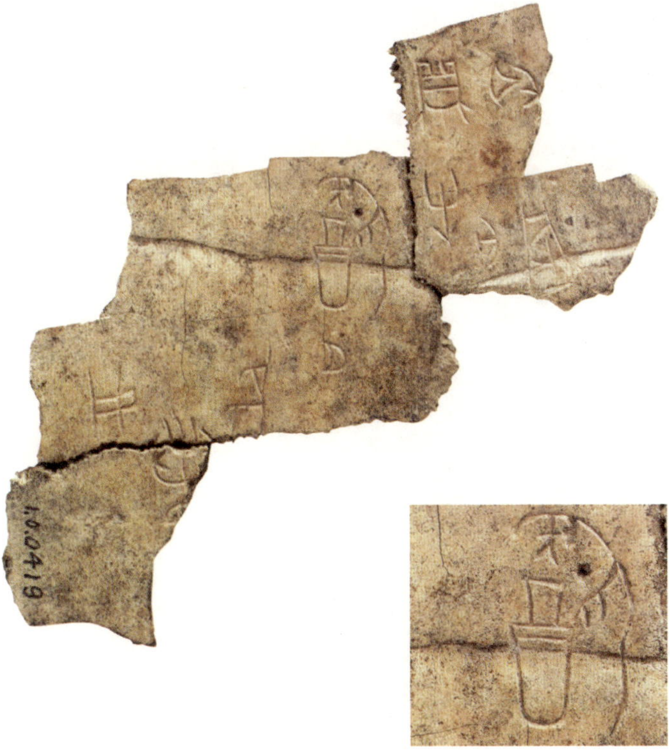

带“饮”字的牛肩胛骨，长 5.4 厘米，宽 7.8 厘米，河南安阳小屯 36 号探坑出土

商代酿酒以及饮酒的风气很盛，说明他们的农业收成很不错。这件牛肩胛骨上，刻着一个“饮”字。“饮”字的原型太有叙事性了，一个人捧着酒坛子，伸出舌头对着酒坛子，非常形象，表意清晰。

龟腹甲上占梦卜辞，长 27.0 厘米，宽 20.2 厘米，河南安阳小屯 127 号探坑出土

在这片支离破碎的甲骨上，商王占卜自己做的梦会不会有麻烦。商王做梦也是一件很重要的事情。

带朱书卜辞龟腹甲，河南安阳小屯 127 号探坑出土

残片为笔写真迹，在商代少数书迹遗存中，字形最为完整而优美。另一残片，残存字迹最多。甲骨文用朱书写就流传下来的，非常珍贵，也是研究甲骨书法与毛笔工艺的宝贵资料。

牛骨多妇卜辞，高 9.2 厘米，宽 2.9 厘米，厚 1.2 厘米，加拿大皇家安大略博物馆藏

卜辞记录："贞：乎妇好见多妇于𢓊。"武丁让妇好在"𢓊"这个地方接见"多妇"。看起来，妇好是武丁指定的级别最高的夫人，接见有身份的且不容忽视的其他"夫人"。

妇好征兵龟甲卜辞，长4.6厘米，宽3.3厘米，1899年河南出土，苏格兰国家博物馆藏

妇好为将要进行的征伐，征召一万三千名士兵。此为目前所见征兵数最多的一条卜辞，见证她带兵之众，骁勇善战，并且是武丁倚重的左膀右臂。

妇好分娩卜辞（正面和背面），长13.7厘米，宽12.2厘米，台湾“中央研究院”历史语言研究所藏

从原文内容看，武丁很在意妇好分娩的吉凶祸福。甲申卜：丁日分娩吉，庚日分娩亦吉。然而妇好却在三十一天之后的甲寅日分娩，生女孩，武丁视为不吉。

武丁不同意妇好增援沚戛将军卜辞片，长 21.7 厘米，宽 19.2 厘米，台湾“中央研究院”历史语言研究所藏

将军沚戛攻打巴方，妇好增援，武丁从东边深入进击，占卜敌人会不会进入妇好设下的陷阱。武丁占卜，妇好增援沚戛将军，“弗其受有佑”，即不会受到保佑。

卜辞里的王后

武丁是小乙的儿子，名如其人，不光自己“武商”很高，还有一位武商更高的妻子。在殷墟出土的甲骨文与金文中，有人发现了武丁之妻、王后名叫妇好，一位被历史遗忘了的女子。

妇好，是商王武丁的妻子，名头很响。她是武丁三位法定王后之一，甲骨卜辞中有许多关于她身份的记载。

她不是月亮，没有借太阳王武丁的光。

她自己会发光，用无量之爱发光，照亮她的君王。

伟大的君王，因为有了她的爱，变得更加伟大了。

而她，就像国际象棋中的王后一样，为她的君王驰骋于疆场。

有人搞东西方文化对比，比较了中国象棋和国际象棋，发现中国象棋里没有王后，而国际象棋里，王后最重要，以此认定西方文明尊重女性。

中国象棋里没有女性，可历史中，却不乏伟大的女性。

比如这位妇好，她不是传说中的女性，也没有文献记载她的历史功勋，谁也没想到会把她从地下发掘出来，还有甲骨文能告诉我们她的生平。

那些卜辞，有的是她亲手刻写的，看来她是一位女贞。贞人要“究天人之际”，有点史官的意思，但更近于巫觋。文明初始，还谈不上“通古今之变”，史官的出现，要有文明的积累和历史的发展为前提。

事实上，有些祭祀还是她亲自主持的，那么她又是一位女巫了。有些与鬼神打交道的礼仪，便由她来主持。

她像圣女贞德一样，用神来激励将士，为华夏文明的崛起而战。她与贞德不同的是，她还能驾驭战车，挥舞斧钺，上阵厮杀，宛如女恺撒。

甲骨文述说了她的生平，那上面有关妇好的记载有两百多条，这个数字非比寻常，其重要性可想而知。

如“呼妇好往伐土方”，意思是让妇好去征伐土方；“登妇好三千，登旅万乎伐羌”，是说妇好带亲兵三千，其他士兵一万去攻打羌国。

她每每率军为王前驱，与夫君武丁遥相呼应，北讨土方、西伐羌方、东征夷方，威慑西南巴方，打下的地盘，西起甘肃，东达海滨，北至大漠，南逾江汉。商的势力范围那么大，有多少是她打下的？

武丁论功行赏，授她独立封地，那是有着三千战士的国家，她不光是王后，还是自己国家的君王。武丁有六十位妻子，可最挂念的是她。卜辞有“妇好亡祸”，意思是妇好无祸，不用说，那都是武丁卜问的。但妇好还是透支了生命，三十多岁就死了，武丁伤心不已，以最高规格，葬她于今天的殷墟，谥号“辛”，殷人尊称其为“母辛”或“后母辛”。

此后，凡有军国大事，武丁都要向妇好卜问。可他还是不放心，怕他的力量不能到达幽冥，让妇好孤苦伶仃，便为妇好举行冥婚，将妇好托付给自己的六世祖祖乙、十一世祖大甲、十三世祖成汤，有了先王照料，他才放心。

1976 年，考古学家发现妇好墓，墓完好如初，出土随葬品 1928 件，玉器 755 件，件件都是精品。有一柄青铜钺，饰以两虎扑食人，铸有“妇好”字样，重八九千克，是王权、军权的标志，还是妇好得心应手的兵器？值得一提的是，墓中居然还有一枚阿拉伯绶贝，可能是来自方国的贡品。直到发现妇好墓，它才跟甲骨文一起出土。

玉凤，长13.6厘米，厚0.7
厘米，河南安阳殷墟妇好
墓出土

文明之凤

令人惊叹的，殷墟妇好墓还出土了一件“玉凤”。这件“玉凤”据说出自湖北天门市石家河文化遗址，石家河文化遗址大约年代在公元前2600—前2000年，在它消失之后的四百多年后，殷商王朝出现于公元前1600年前后。湖北长江一线有铜带，一直是殷人南下“俘金”的据点，这件玉凤如何到了妇好手里，我们尽可以猜想。殷商玉器与石家河文化遗址的玉器风格很相近，尤其是凤鸟与玉神人面饰。

不过，这件精美的玉凤，总会让人想起“降而生商”的玄鸟。《史记》说，圣女简狄沐浴时，吞下一枚玄鸟蛋，孕而生契，成为商之始祖。妇好得之此凤，也许会有巫的联想，殷商的吉祥图腾始于鸟崇拜。

华夏文明原本有龙有凤，凤为有德之女性之喻，无德之女性则被喻为“牝鸡”，牝鸡不打鸣，鸣则不祥。如《诗经》有“牝鸡司晨，唯家之索”之句，像刘邦的皇后吕雉、慈禧之流，不是毁了家，就是亡了国。当然，人的认知是不断理性化的，这一简单的比附表明人的认知尚处于理性参与较弱的经验性阶段，历史的复杂性与人性有关，与性别的关系维度隐蔽在观察视角里。

感谢考古学，在华夏文明的源头，找到了真正的凤鸟。那卜辞里的王后和妇好墓里出土的玉凤，为我们呈现出来那只原生态的华夏文明之凤。

妇好藏凤，也许源于那天命有商的初始神意，或为自拟。

那只玉凤，因她而魅力无穷，如天命之虹，在君王一瞥中。

不是女人的命原本都贵似玉凤，也不是伟大君王对她的恩宠，而是她本人就是一飞冲天的凤。武丁懂妇好的价值，尊崇她为玉凤。妇好逝世后，在她的墓葬里，武丁为她陪葬了各式玉鸟。那件对鸟纹玉饰，是妇好生前的最爱之一，看得出这件玉饰的鸟纹头部以及尾部都被反复重新雕饬过，其他部位也多有缺损，可妇好还是舍不得扔。武丁哀之，将他葬于主人身边。

商代贵族藏立鸟玉笄，长 12.1 厘米，宽 1.6 厘米，新石器时代石家河文化晚期，河南安阳小屯 331 号墓出土

殷墟贵族墓陪葬玉神人首饰，长 8.5 厘米，宽 3.8 厘米，厚 1 厘米，河南安阳小屯 331 号墓出土

妇好藏牙璧，周缘长径 6.1 厘米，孔径 2.3 厘米，厚 0.3 厘米，河南安阳殷墟妇好墓出土

妇好藏齐家河文化玉琮，高 4.9 厘米，射径 6.5 厘米，河南安阳殷墟妇好墓出土

妇好墓葬中还有黄河上游齐家文化的玉琮陪葬，以及新石器时代的一件牙璧。

湖北天门石家河新石器时代遗址，对于南下“浮金”的殷人来说，是必经或落脚之地，得其玉器或受其影响，似乎来得更为便利。这件立鸟玉笄出土于小屯另一座贵族墓葬中，为石家河文化典型器物，应为殷人的传世之物，这在殷人早期墓葬的随葬品中并不是特例。殷人的玉匠们也常会模仿石家河玉器纹饰风格，以精良的先进工艺，对原始母题稍做变异后，便是精雕细琢最具有殷商时代鲜明特征的“臣”字目。如“玉神人面饰”，除“臣”字目，余皆与石家河出土的玉器或传世的玉神人面饰、大理石神人面饰极为相近。

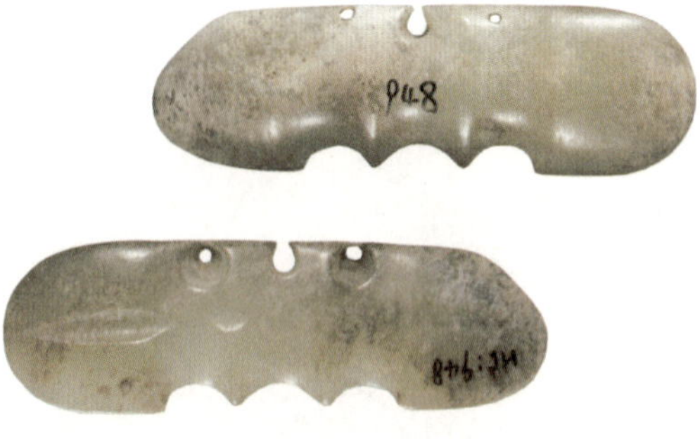

妇好藏红山文化玉佩，长 6.2 厘米，宽 1.9 厘米，
厚 0.4 厘米，河南安阳殷墟妇好墓出土

妇好藏玉勾形器，长 9.1 厘米，后段宽 1.9 厘米，
厚 0.5 厘米，河南安阳殷墟妇好墓出土

从殷墟出土玉器等文物看，殷人收藏前人留下的遗物也不少。

商朝在武丁妇好时代国力强盛，四面征战与贸易交流并举，古玉古器物也成为商代贵族的玩好与收藏品。妇好不仅收藏了象征她自己的玉凤，还收藏有不少新石器时代的玉器或其他古器。如来自红山文化的玉佩、玉

仿制红山文化的玉猪龙，径 5.8 厘米，孔径 1.5 厘米，厚 1.8 厘米，河南安阳殷墟妇好墓出土

勾形器，后者形制为北方猛鸷头，也许原为插于权杖上的法器，妇好收之，也许视其为沟通天人之际的玄鸟。妇好墓还出土了一件仿制红山文化玉猪龙的玉玦，龙眼开始向殷商时期的“臣”字目转化。可见妇好对红山文化玉器的喜爱，也许殷人与红山人同源于史前东夷人吧。从红山文化南下的路径看，很可能最终融入殷人。

妇好墓陪葬玉鸟，高 8.1 厘米，厚 0.3 厘米，河南安阳殷墟妇好墓出土

殷墟贵族墓陪葬大理石神人面饰，长 11.8 厘米，宽 7.5 厘米，厚 1.2 厘米，河南安阳小屯 B4 号探坑出土

妇好方鼎，高 42.3 厘米，口长 34.1 厘米，
宽 24.8 厘米，河南安阳殷墟妇好墓出土

妇好方尊，高 43 厘米，口长 35.5 厘米，河南安阳殷墟妇好墓出土

贝类，河南安阳小屯、西北冈出土

玉人，高 7 厘米，河南安阳殷墟妇好墓出土

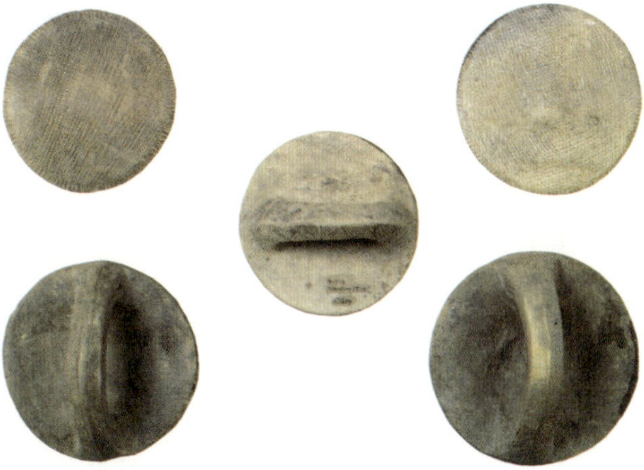

洗手用的小陶皂，河南安阳西北冈 1400 号大墓出土

安阳殷墟大墓出土的商代双线刻虎纹石

妇好还是国王、将军和大祭司

武丁论功行赏，授妇好独立的封地，那是有三千战士的国家，她不光是王后，还是自己国家的君王，同所有封国的国君一样，她向武丁上贡。

青铜器是礼器，妇好墓有随葬品1928件，玉器755件，青铜器400多件，其中有210件是祭器，居商代墓葬之首。

无疑司母辛青铜方鼎以及有妇好铭文的方鼎、妇好方尊、妇好青铜钺等工艺精湛的礼器，都是她诸多身份的象征。

坐姿谦卑的小玉人，他身上的衣冠是哪一类人的穿戴？是丝麻织品吗？表情在诉说着什么？

值得一提的是，还有来自阿拉伯的绶贝，有人猜测为贝币使用，也有可能作为装饰使用，或为方国的贡品。

还有剁刀、石俎、洗手用的小陶皂以及精美的虎纹石磬，表明商人除了追求打仗与祭祀外，还非常向往精致的生活。

“周方伯”卜甲残片，长 2.1 厘米，宽 1.6 厘米，厚 0.4 厘米，陕西省岐山县凤雏遗址出土

“周方伯”卜甲残片，长 2 厘米，宽 1.8 厘米，厚 0.4 厘米，陕西省岐山县凤雏遗址出土

“称中”卜甲残片，长 1.4 厘米，宽 1.9 厘米，厚 0.3 厘米，陕西省岐山县凤雏遗址出土

第一片“周方伯”卜甲卜辞记录商纣王在祖先文丁庙中告祭：“举简册告之以周方伯之事”，希望祭礼合仪，能得到祖先的庇佑。第二片“周方伯”卜甲贞辞祷告大甲（祖甲），“周方伯履”之事，希望得到祖先保佑，一切顺利。“称中”卜甲是帝辛在文丁之庙祷告“称中”之事，得到文丁保佑，顺利完成。

以上帝辛占卜之事，应与西周有密切的关系。因为这些残片皆出土于周原凤雏遗址，凤雏是西周最早的宫殿所在地，是西周人的宗庙基址。想必是周人想方设法将与周族兴衰有关的卜辞带回周原。同时，亦可见，因西周让帝辛寝食难安，挂念不已，才会有各种占卜祷告。

人头骨刻辞

在殷墟甲骨文中，这样的人头骨刻辞极为罕见。可能是作战时俘获敌方的首领，砍头剥皮，然后在头骨上刻辞，表明战功，祭祀祖先。这块头骨上，残存一字“隹”，涂朱色。

郭若愚《殷契拾掇》、严一萍《甲骨学》都有著录。

文明的恶之王

武丁死后，又过了三百年，第三十代王，也是商朝最后一位君王帝辛即位，他死后被冠名为“纣”。裴骃《史记》“集解”说，纣为谥号，虐也。在中国古代，君王或大臣死后，都要有评价，叫谥法，凶猛为“桀”，残暴为“纣”。桀纣之谥，便是盖棺论定。

据《史记·殷本纪》说，纣敏捷善辩，手格猛兽，本是一位大英雄。他有开疆拓土的雄才，不断蚕食小方国，将东至东南皆归入商朝版图。可惜，他纵情享乐，不爱江山爱美人。纣所爱者为妲己，其爱也，比武丁爱妇好更有过之。

武丁之爱，化作财富，都埋在地里，而纣的爱，却化作鹿台，要把他的爱人捧上天去。商王以天干命名，甲、乙、丙、丁、戊、己、庚、辛……本应成为天干的妇好，却未能冲天而起。试读中国历史，有商一代，我们哪能找到“妇好”的名字？而妲己却为人们所熟悉。武丁埋了妇好，可以倾城倾国地埋，却不让她在历史上崭露头角，“惟殷先人有册有典”，可册典里却没有妇好。

文献没有妇好，但文献里却重墨渲染纣王和妲己，这恰好说明，历史是胜利者写的，殷纣王和妲己，为革命者革命提供了伟大的合理性。

幸亏有考古学，让文明之凤重见天日，使我们知道了“妇好”这个中国青铜时代最美丽最重要的名字。

纣于临死前高呼：“我生不有命在天！”他哪里知道，这是历史的报应，来到了眼前……

强大和唯美，是英雄性格，而非王者美德，加上他有聪明的头脑、灵巧的舌头，“智足以拒谏，言足以饰非”，就以为能为所欲为了。

酒池肉林，在文明初期，其实不足为奇，古希腊就有酒神节，古巴比伦也有。有人说，酒神节从小亚细亚传入希腊，由纵欲的变成纵情的。

按理说，华夏文明也应该有过酒神节，最为相像的，恐怕就是酒池肉林了。殷周之际的那场革命，改朝换代时，顺便把酒神节也革掉了。

周公发《酒诰》，明令禁酒，这样的文件，都收在《尚书》里了。连酒都禁了，酒神节自然也被取缔了，王国维说，中国变革，殷周之际最为激烈。

革命要有对象，纣适逢其时，除了承受本人罪过，还要担待文明之恶。后世所谓历史，多半是“从周”的，纣也就被后人一人一口唾沫淹没了。

天命羑里

殷墟不远处，有一座监狱，叫羑里。

关押着西伯侯姬昌，罪名是那一声叹息。

聪明过头如纣王者，听出了叹息背后的声音。

多么深刻的经验教训！不要把思想者关进监狱，那会使他变成圣人；不要把革命者关进监狱，那会使他获得天命。可这教训谁懂？

王权主义喜欢简单行事，谁有思想问题？关到监狱去！

监狱能解决思想问题？不能！可思想能解决监狱问题。法国大革命，首先就攻打巴士底狱；文王演《周易》，新思想改变了羑里。

周武王姬发的爷爷季历，为殷纣王帝辛的爷爷文丁软禁绝食而死。姬发的爸爸周文王姬昌继父被封为“西伯”，号西伯昌，继续管理西方诸侯。西伯昌行仁政，势力扩大，引起帝辛猜忌，将姬昌关押在远离周原的羑里，在安阳汤阴附近。

“王季”卜甲，长 1.7 厘米，宽 1.4 厘米，陕西省岐山县周公庙出土

王季即季历，与商王文丁同期。季历率族人致力农耕，与殷商贵族通婚，剪除周边戎狄部落势力，为文丁封为“牧师”，成为西方诸侯之长。“王季”卜甲，上有“燎，其自王季”等刻字，有可能是王季彼时还能得到商王文丁的信任，被任命为贞人主持燎祭。

“文王”卜甲，长 1.8 厘米，宽 1.6 厘米，陕西省岐山县凤雏遗址出土

算卦取代占卜

“文王”卜甲残片上刻“玟王”二字，据说指“文王”。如果我们认可这一推测，那么这块残片卜甲，至少是文王后人所贞。公元前 1056 年姬昌薨，葬于毕原（陕西省岐山县凤凰山南麓）。十年后，其子武王姬发灭商，追谥姬昌为文王。

不过，周文王本人就是一位贞卜高人，在他被纣王拘羑里期间，便开始改用蓍草算命了。那时的周人不仅深谙殷人的占卜算命法，同时还发明了一套前瞻未来的算命法。尽管蓍草算命很难留下遗物，但周人并未完全放弃甲骨，他们留下了“数字卦卜骨”。表明周人已开理性一隅，用数字算法推演事物的规律，逐渐取代占卜的偶然性。这意味着周人要掌控命运的理性觉醒，与殷人将命运蔽于祖先的庇佑之下是不同的。

数字卦卜骨，高 11.3 厘米，宽 7 厘米，陕西省扶风县齐家村出土

该卜骨为牛肩胛骨扇骨部分，正面有数字卦一条，被专家解释为“一六一六六八”。依据奇数为阳爻，偶数为阴爻的规则，转化为易卦，为坤下离上，在《周易》里为晋卦。背面数字卦刻辞分三组，左侧为“六八一一一八”（巽下震上，恒）与“六八一一一一”（乾下震上，大壮）。左侧还有两条数字卦：“八八六六六六”（坤下坤上，坤）、“一八六八五五”（兑下艮上，损）。右侧有：“六九八一八六”（艮下坎上，蹇）、“九一一一六五”（离下乾上，同人）一组。

蓍草花

卜与筮是两种不同的占卜方法：卜用龟甲牛骨以得兆，筮用蓍草数算。将筮法所得到的数字卦记录在甲骨上的兆旁，是卜和筮两种方法并用的表达。

动物而近于神灵者，曰龟，所以占卜用龟。植物而近于神灵者，曰蓍草，所以算卦用蓍草。

《史记·龟策列传》说，帝王有疑，拿不定主意，就要卜筮，卜用龟甲，筮用蓍草。张华《博物志》说，蓍千岁而三百茎……故知吉凶。

这样的说法，显然与植物学知识无关，但揭示了文化的一角。

在植物学里，它则是菊科，蓍草属，多年生直立草本，植株高度40 ~ 100厘米，茎直立，叶互生，叶缘锯齿状，花白……

这样的蓍草，已经被科学规范了，是不能用来通神灵，知吉凶的。在古代文化里，蓍草还没有被这样规范，周文王用它算命，赋予它神性。

殷人的卜法是猜，周人的筮法是算，偶然性要猜想，而必然性可以推算。

吉凶可知，天命可算，羑里蓍草，居然承担了未来革命的功能。

06

革命：从“理想国”到“家天下”

中国历史，从三代开始，就是一部革命史。

三代以来的历史，是以“汤武革命”为核心建构的。

夏殷之际的商汤革命，高举“率民以事神”的旗帜，而为“神化”革命；殷周之际的文、武革命，在文化上，从“事神”转向“崇圣”，而为“圣化”革命。

王国维说，中国政治与文化变革，没有比殷周之际更为激烈的了。

那是一个大革命的时代，《易》曰：“天地革而四时成，汤武革命，顺乎天而应乎人。革之时大矣哉！”这是那个时代最响亮的口号，三千年来没有比这更响亮的了，如果说“汤”革命还是文明的自发性尝试，那么“武”革命就开始了自觉性的实验。

牧野一战，周人准备充分，在观念上，用天命观压倒殷人，攫取了战争的正义性，使之转化为革命。还扯上了殷人的先祖汤，把汤说成了他们应该效法的榜样。

汤伐桀时，对民众做了一次演讲，他说，我的同胞们，你们都来听我说，不是我要发动战争，而是“有夏多罪”，老天要我来惩罚它。夏有何罪呢？他说，桀不恤民力，人民受不了，要和桀拼命——“予及汝皆亡”！于是，鸣条一战，汤灭了夏的桀。

约六百年以后，轮到周武王来控诉汤的裔孙纣了。显然，周人更有哲学头脑，武王先讲了一通天地万物的大道理，将战争提到天命观的高度，然后才来声讨，说纣“弗敬上天，降灾下民”，这是总论。接着就一笔一笔算账，每一笔，都是死罪一条，有三条。

罪行一，纣不顾人民死活，“残害万姓”；罪行二，纣“敢行暴虐”，用酷刑杀人，使“皇天震怒”；罪行三，纣不知命，不敬神，不祭祖，自称“我生不有命在天”。

算清了这三笔账，武王得出一个结论，那就是——“商罪贯盈，天命诛之”。

而且，武王对“革命”，还充满了信心，因为“民之所欲，天必从之”。

这真是一篇好檄文，论帝王学，乃上上选，史称“尚书”，良非虚言。

殷周文化，有同有异，就大体而言，殷人有信仰，周人有理想。信仰与理想，它们不太一样，殷人事神，要有信仰，信仰是绝对的，有时可以不讲道理，讲多了理，反而产生怀疑。周人崇圣，圣代表了理想，理想要讲道理，道理讲多了，理性就会觉醒。

拿信仰往道理上讲，周人就这样消解了殷人的信仰，文化开始转向。

“合理性”成了文化标准，这是上古史的一次文化大革命，其意义不仅仅在于王权易姓，还在于用历史的理性取代了宗教信仰而引领文明，以此为中国文化定型。

信仰，以神为前提；讲道理，以历史为依据，一部《周易》，六十四卦，三百八十四爻，每一卦，每一爻，都来自历史，都是用历史的经验教训讲道理的。

革命的理性，穿透神话思维，没有奔向信仰的天空，却在历史中成长。

假如汤武革命的理性精神，没有被历史化，而是进入形而上学，它是否能像古希腊哲学一样，孕育一次更加伟大的信仰？显然不会！因为革命就其本性而言，是对信仰的否定，一个充满革命精神的民族，很难真正确立什么不变的信仰，而是习惯于在革命的浪潮中，以一种信仰取代另一种信仰。最深刻的信仰，都在哲学中萌芽，柏拉图的理念，就是诞生神的哲学之床，而从历史的阴道分娩的，则是饱含了一大堆经验教训的早熟的圣王。

思想，在历史的领域，不会产生信仰，但要确立理想，当圣人的理想，以国家的形态出现，一个伟大的理想国——中国，就被历史赋予了天地之际的壮丽山川。

武王和周公在他们的理想国里，把天还给了民，还将民本主义引入了天命。

在民本主义的基础上，他还提出了“民主”思想，“民主”，是民与王的统一，“主”就是王，就是“民”的代表，上帝“求民主”，就是天选人民代表——天子。

那时，《易》为革命圣典，《尚书》是“民主”代天立言的汇编，而《诗经》则是“求民主”和“做新民”的文化宣言，还有《礼记》，那是立国之根。因此，武王和周公的理想国，是观念上的民本主义、制度化的礼治主义和作为国家战略的封建主义的三结合。

欲以此“三大主义”作为基本国策，使得整个天下都“中国”化。他们分嫡、庶以齐家，立长子以治国，以封建制平天下。小宗围绕大宗，卿、大夫拱卫国君，诸侯屏藩周王，以血缘连接地缘，以地缘拓展血缘，血缘政治和地缘政治互动，形成家国天下。

其于异姓及难以宗法统一者，即以婚姻通之，形成新血缘关系，使天下之国，非周王兄弟之辈，即其甥舅之属，一步步经营起来，融合远近亲疏，天下为一家。

武王灭商后，既要给先王和天下人一个交代，也要给自家人一个交代。对前者，乃褒封神农之后于焦，黄帝之后于祝，帝尧之后于蓟，帝舜之后于陈，大禹之后于杞；对后者，而封师尚父于齐，周公于鲁，召公奭于燕，叔鲜于管、叔度于蔡。

荀子说，周初分封七十一国，其中姬姓五十三国，已露出家天下的苗头。

武王克商二年，天下未宁而崩，周公摄政，兄弟相争，武庚遂叛，殷民乱起。不得已，周公东征，平管叔、蔡叔、霍叔之乱，取消三监国，灭武庚，分殷民。

此次东征以后，以东方齐、鲁，北方晋、燕，中原卫国最为重要。

为安定殷遗民，周公又封殷王族之贤者微子启于宋，以示周人无意灭殷族。对殷民，周公不再立国监管，表面上，让殷人建国，由殷人自治，实则分民以治，如分殷民六族于鲁，分殷民七族于卫，并经营东都洛邑，将殷民置于王畿内，被全体周人监视。

同时，战略重心东移，不仅建东都，且以齐、鲁诸国，直接控制殷民。

周以封建制为表，宗法制为里，以宗法制维系国体，以封建制尊王攘夷。

宗法制，由亲亲而尊尊，以血缘亲疏分内外有别，定政治尊卑；封建制，以“授民授疆土”，开出“王土”和“王臣”的政治支票，以中国为蓝图，开疆拓土，通过“攘夷”来兑现制度安排：天子建国，诸侯立家，卿置侧室，大夫有贰宗，士有隶子弟。

周公以后，成、康时代，分封诸侯，纯以“封建亲戚”为据，仿佛同姓兄弟之亲和异姓婚姻之戚的存在本身，就是“封建制”存在的理所应当且毋庸置疑的理由。

“亲戚”二字，成了“封建主义”制度化的人文标志，周公立国的民本主义理想，渐渐被人遗忘，其“中国”化的主张，已不得不让位于王权的“家天下”欲望。周公逝世，电闪雷鸣，刮起大风，地面上连大树都被连根拔起，更别说庄稼了，一个丰收的年份，这下全泡汤了，成王泣曰：老天都发威了，要来表彰周公之德，是我们把他老人家忘了呀！

利簋，通高 28 厘米，口径 22 厘米，重 7.95 千克，陕西临潼零口镇西段村出土

利是人名，簋是器皿，盛食器。但是，很讲究，器体及方座上皆饰兽面纹。此簋，又叫武王伐商簋，其腹内底有铭文四行三十二个字，记录了殷周之际的那一次革命，大意为：甲子之朝，武王征商获胜。八天以后，武王在某地，赏赐利青铜，利做成礼器。这是有关武王征商的唯一文物遗存。

天亡簋，高 24.2 厘米，口径 21 厘米，座边长 18.5 厘米，
传清道光年间出土于陕西岐山，中国国家博物馆藏

天亡簋，又叫大丰簋、朕簋或聃簋，是周初重器。簋内底有铭文 8 行 77 个字，大意为：武王克商后，举行大丰之礼，祭天祭文王。有个名叫“天亡”参与铸祭，作铭词，赞颂文王和武王克商。

“叔郑”卜甲，长 3.4 厘米，宽 2.4 厘米，陕西省岐山县周公庙出土

“周公”卜甲，长 5.18 厘米，宽 4.96 厘米，上有残辞“周公贞”“叔卜”，陕西省岐山县周公庙出土

叔郑即毛叔郑，周武王之弟。克商后，武王分封弟弟叔郑于毛国。叔郑作为武王的亲戚，屏藩周王畿。

“新邑”卜甲，一片记录当时营建东都洛邑的卜甲残片，长5.36厘米，宽4.73厘米，出土于陕西省岐山县周公庙

武王分封

武王灭商后，要给天下人交代，也要给自家人说法。

他先封神农之后于焦，黄帝之后于祝，尧之后于蓟，舜之后于陈，禹之后于杞，纣之子武庚于殷。这是《史记》里说的，孔子不谈炎、黄。

然后，封吕尚于齐，周公于鲁，召公奭于燕，叔鲜于管、叔度于蔡。

荀子说，周初分封了七十一国，其中姬姓五十三国，很有点家天下的味道了。

但这个格局，在武王死后，就瓦解了，远在东方的武庚和三监叛乱，周公东征并建东都洛邑，进行第二次分封，才真正稳定了周朝天下。

三监

武王分封纣王的儿子武庚于邶。西周灭商后，将商的王畿分为卫、墉、邶三个封区，派三弟管叔、五弟蔡叔、八弟霍叔占领，监视武庚，以稳定东方，称三监。

管叔是周公的哥哥，不满四弟周公摄政，武庚乘机策反三监。周公东征，武庚被杀，管叔自缢，两个弟弟被活捉，灭掉了参与叛乱的十七国。

东征结果，促成了营建东都洛邑——“成周”之举措。从此，周如椭圆，有两个中心，一个在西边，为镐京宗周，一个在东边，为洛邑成周。

07

革命与继续革命的战车

周人立国，高屋建瓴，东向以制天下。

国力所向，一出潼关，向河、洛，据东都，而经营黄河下游。

另一出武关，向江、汉，及于淮域，而经营豫、鄂、皖一带。

第一线是武王伐纣、周公东征路线，第二线是文王翦商，化行南国路线。由此两线，可见周人立国规模：东西，在山、海间；南北，在长江、黄河之间。

此范围，即为“中原”，是一代王朝兴起的基本盘。正如钱穆《国史大纲》所言：“周人从东北、东南张其两长臂，抱殷宋于肘腋之间。”此为西周之立国形势。

经历武王和周公两次分封，最终形成了以王畿为中心众建诸侯、拱卫王畿的“中国”局面，周以封建制取代商以来的方国联盟，使政体发生了根本性的变化。

在方国联盟里，商王只是“诸侯之长”“众王之王”，天子如盟主，与诸侯无君臣名分。然而，在封建制里，天子之尊，不再为“诸侯之长”，而是“诸侯之君”了，立国之本也发生了由“事神”而“敬礼”、由“帝”而“天命”的转变，并在制度上坐实了转变。

商代治简，等级也不严，殷人治理天下，主要依靠神权，用一个庞大的贞卜集团进行“神道设教”，以“率民以事神”的祭祀活动，控制方国，凌驾诸侯。

神权的具体表现形式为祭祀，谁掌握了祭祀权，谁就拥有神权。

神权的物质基础，最强有力的便是青铜，这不仅是因为青铜与神有渊源——如传说中的黄帝铸铜鼎于荆山，乘黄龙升天，化而为仙，禹铸九鼎以定九州等，它还是王国战争的一个天命的砝码，是王国综合实力——从精神力量到物质力量的集中表现。

国之大事，在祀与戎，祀与戎，都要靠青铜。因此，开发并控制铜、锡矿，就意味着拥有了帝佑天命的神权和王权，而铜、锡矿所在地，往往就被定为都邑。

在谈到三代时期的都城营造时，张光直特别指出了这一点。他发现，夏代都城分布，与中原铜、锡矿的分布相吻合，而商代都城沿着山东、河南山地边缘迁徙，进入豫北和晋南也是为了控制铜锡矿的中心地带，周代都城由西向东转移，也与矿源有关。

三代开采铜、锡矿，产量很大，一旦资源殆尽，就迁都而去。

殷人拥有那么多青铜器，足以显示他们战无不胜的国力和神意。

周人没有神权撑腰，不敢像纣王那样发飙，在天命无常的压力下，他们小心翼翼地经营着“中国”化的天下，如《诗经》所云：“战战兢兢，如临深渊，如履薄冰。”

周人打造中原，用了三大法宝：一以民本主义，继续革命，清算“率民以事神”的神权主义；二以封邦建国的封建主义，全面管控国土，治国平天下；三以军权取代神权，以职业化的常备军——“士兵”，取代兵民合一的“民兵”，以军权立国本。

牧野之战，在《中国历代战争史》里，被称为“以少胜多”的战例。据说，商有兵力七十余万，而周兵力仅有数万，对比悬殊，显示了“大国商”与“小邦周”的差异。但实际情形有可能正相反。当时，还有“三分天下，周有其二”一说，自太伯化行南国以来到文王“翦商”，“小邦周”已改观，至武王伐纣，便有八百诸侯会盟津了。

所以，“以少胜多”，看来是假象。商军号称七十余万，这在上古之世根本不可能，如其所言非虚，那么只有一种可能，那就是七十余万人非战士，似为民众及奴隶。七十余万人出动，可谓“倾城倾国”，然，如此声势，实难言兵众，反见其兵乏。何以见得？全民皆兵，实无可战之兵。其时，商军远在东南，周人从西北捣虚而入，故能以一战灭之。

然，纣之败，固由战略失误，也因有商一代兵制的缺陷所致。

商朝无常备军，寓兵于民，战时募集，以信仰为号召，以神权总动员，“率民以事神”，故为圣战，或曰“人民战争”。纣能召集七十余万人，可见其动员力之强。

当时，其能战之士，已悉往东南，余则民众及奴隶而已。

纣以何方神圣动员民众？曰：以“帝”。其时，纣正以宗教改革，使“帝”人格化，先使之与祖灵结合——“帝祖合一”，再与王权结合——“帝王合一”，欲使他本人成为世俗化的“帝”。他自命为天的代表，是人格化“帝”的具体存在，他的使命，就是要将神权王国发展为帝国——“帝”之国，将“帝王合一”的国家理念，坐实为民众的日常生活。

七十余万人齐上阵，充分显示了纣的“帝王合一”的威力和号召力。

纣之强大在此，失败也在此。过分依赖信仰，而忽略了制度建设；过分相信神权，致使常备军短缺。由此可见，商的统治力在神权不在军权，在信仰不在思想。

周人则反之，在天命无常的驱动和压迫下，周人深谋远虑地经营着他们的理想国——“中国”。把政权放在民本而非神本上，以“保民”代替“事神”，为此，建立了专门的国家常备军，为了防止文王“翦商”在周朝的家天下里重演，他们规定“礼乐征伐自天子出”，还以封邦建国的分封制，变更了原来联邦式的方国体系。因此周人要继续革命，以观念上的民本主义、制度上的礼治主义和“中国”化的封建主义，来造就他们的家天下。

周人之治，以血缘划分地缘，地缘扩张血缘，血缘地缘互动，分嫡庶以齐家，立长子以治国，以封建制平天下，小宗围绕大宗，家臣拱卫国君，诸侯屏藩王室。

对异姓国，则以婚姻来维系，故溥天之下，非兄弟之国，即甥舅之邦。其结果，便造就了“四海之内皆兄弟也”的“中国”化世界，形成了“由亲而戚”的“家天下”。

不过，“家天下”还有另一面，即“以天下为一家”，此为周人之理想，亦为其战略。商之天下非“家天下”，乃方国林立的世界，而周人则以封建将方国世界纳入“家天下”。

历史上还没有哪一代人能像周人那样，将远大理想化为实际战略，而且富于成果。周人务实，他们的理想必有相应的战略配合，而战略则以常备军来贯彻。

周人设常备军，缘起于战车。战车兵，作为一个新兴兵种，当由专业人士受专门训练，盖因其不仅战术性强且组织化程度高，二者结合，方为持久战力，故非常备不可。与之相应的社会基础已经开始形成。其时，周朝已然“四民分业”，分为士、农、工、商四类，各业皆有专属，形成社会阶层。“士之子恒为士”，不光由社会化分工所致，亦为国家体制化需求。士人阶层的出现及为周朝设常备军，可源源不断地为其提供战力和财力。

石器时代，木、石为兵器，故能全民皆兵，至青铜时代，青铜难冶，甲士难得，故铜、石并用，兵、民始分，一到战车登场，“士兵”就取代“民兵”而为常备军。青铜兵器原本就很昂贵，加上更加昂贵的战车，一介战士，自然非贵族莫属了。要到春秋战国以后，黑铁时代来临，铁器再次普及于民，这才回归耕战合一，重启全民皆兵。

就此而言，牧野之战，可以说是“士兵”与“民兵”之战，周以战车三百乘，士兵数万，与纣军战，纣军号称七十余万，实无能战之兵，无战车，乏甲士，多为“民兵”——木石之兵。商之初，以铜兵胜天下，克尽木石之兵，孰料其末日，反被周人克了。

周克商，一靠战略，二靠战车。有人说，战车，商已有之，汤伐桀，战于鸣条，就用了战车。然其所谓战车，乃乘载之具，非作战兵器。又曰，殷墟车马坑中，已有战车出土。可出土虽为战车，但作用有限，或为军官上阵用，尚未形成新的作战兵种。

战车兵，作为新兵种出现，除了要有社会化的士阶层和制度化的常备军与之配合，战车本身也要改进，才能成为有效的作战兵器。商朝人还没有准备好将战车作为一个兵种，战车主要还是承载工具，难以冲锋陷阵，而周人已经备好了。周人的战车，驾车的马增加了，车毂上加固了铜饰件，车辐增长，轴头缩短，与驾马配套的马具得到改进，适应车战的格斗兵器以及保护辕马的皮质马甲和马胄，使战车冲击力和作战性能提高。战车成为新兵种。

武王以革命化的战车革了纣的命，周公以战车运载他的理想国，继续革命。幸亏有了战车，周人纵横驰骋，用战车的尺度，封邦建国，打造“家天下”，加速“中国”化，将偌大的一马平川的两河流域都摆平了，原来商帝国的势力范围，都变成周人殷实的地盘。

周原遗址出土，中国目前发现最早的瓦

周人于公元前12世纪末，在祖古公亶父的率领下，从豳地迁入岐山之下的周原，在此立邦建都，称都为“京”或“京邑”，据说是中国最早的关于京城概念的由来。周原以“岐山”与“扶风”为中心，这里地势平坦，土地肥沃，温暖湿润，河湖交错。《诗经·大雅》中的“绵篇”，主要讲述古公亶父迁岐山的故事，其中有“周原朊朊，堇荼如饴。爰始爰谋，爰契我龟，曰止曰时，筑室于兹”。意指，周原肥沃，连野菜都如麦芽糖般甜美，卜问先祖，先祖说就在此安家立业吧。从周原上的小邦周到灭商之后的赫赫大邦周，周人一路克敌制胜，奠定了礼仪“周邦”。

史载，周人此次迁徙，是由于不胜戎狄的侵扰，反而成全了周人在周原开始“周邦”大业。公元前11世纪，周文王欲东进，迁都于丰，在西安市西南沣河两岸建都丰京与镐京，或称丰镐。在将近一个世纪，经历四代人的准备之后，周武王终于灭商。周原作为兴旺之地，被周人奉为祖庙，丰镐为西京，又建东都洛邑，东向扩大西周的天下版图。

所谓兴也戎狄，亡亦戎狄。公元前771年戎狄再次打入镐京，杀死西周的最后一王姬宫涅，谥号幽王。历史翻开了新的一页，史称东周即春秋。

张家坡西周墓地贵族大墓全景

张家坡西周贵族大墓，是目前为止在丰镐遗址所见最大的西周墓葬，醒目处为车马殉葬，同期同地还有几座贵族墓葬，同样有车马殉葬坑，还有大量车马器从葬。从中可见，西周贵族有随葬车马的习俗；从这一习俗亦可见，西周贵族崇尚战车之风，以及战车在周人向东扩张时不可低估的作用。

琉璃河遗址车马奴隶陪葬坑

召公奭早年采食召地，故称为召公。召公奭可谓真正的“赳赳武夫，王之爪牙”，他骁勇善战，智谋无敌，辅佐周武王开疆拓土，据说一天达上百里。武王克商后，为“封建亲戚，以藩屏周”，分封姬姓众亲戚，将召公封到燕地，即今日北京房山琉璃河一带。他派长子姬克管理燕国，自己则在镐京任职太保，与周公旦同佐朝政，周公去世、成王去世，他继续辅佐康王，政誉远播。《诗经·召南·甘棠》就是对召公奭的诗赞。

太保鼎，通高 57.6 厘米，口长 22.8 厘米，口宽 35.8 厘米，重 26.75 千克，传清道光、咸丰年间于山东梁山出土，内壁有铭文“太保铸”，西周初年，太保官职始于周初，召公奭为第一任太保，据考证，此鼎为太保召公奭所铸

琉璃河燕国墓葬遗址群属于西周初期，目前发掘二百多座墓葬，其中车马殉葬坑有三十多座。少则两匹马一辆车，多则四十二匹马十多辆车，以及马具、车器、兵器等。兵器主要有戈、短剑、矛、镞，工具有镢、锥等，车马器饰物主要有当卢、璎珞、衔、镳、轭、辖等。另外，还出土了青铜面具，盾饰如铜泡等器物，可知商末周初时，西周马拉战车的规模以及先进性。

堇鼎，通高 62 厘米，口径 47 厘米，重 42 千克，北京房山琉璃河遗址出土，内壁有铭文 26 字，记录郾侯命堇向宗周太保召公奭赠送礼品

刖人守囿挽车，通高 9.1 厘米，宽 11.3 厘米，长 13.7 厘米，山西省考古研究所藏

刖人守囿挽车，山西闻喜出土，西周早期，为墓葬冥器。箱式六轮车，无辕。车门可以开启，一位断左脚的裸人（刖刑）拄拐杖扶门闩。车厢盖钮为一蹲立猴，四角各立一只可以转动的鸟。车厢四角与四面均立一伏兽，下缘两伏虎各抓住两个小车轮。车厢四周装饰有凤鸟纹。全车可以转动的部位共有十五处，制作工艺精巧，构思奇特。从太伯南下“翦商”开始，周人经历了至少三代人的努力，在商末周初，掌握了当时世界上最先进的技术——青铜铸造工艺，能制造如此精致细腻的青铜箱式六轮车，马拉战车应该是成规模地生产了。

燕侯盾饰，直径 14.5 厘米，北京房山琉璃河遗址出土，背面有铭文“燕侯舞锡”，为燕侯侍卫武舞之物

人面盾饰，通高 35 厘米，宽 37.8 厘米，陕西岐山贺家村出土，周原文物管理所藏

蟠蛇纹剑鞘，长 22.8 厘米，宽 10.3 厘米，北京房山琉璃河遗址出土，口部做两人形，面朝外，剑鞘内原有的皮革衬已不存，鞘身装饰镂空蟠蛇纹，繁丽

跽坐人车辖，高 25.5 厘米，长 19 厘米，宽 10.3 厘米，西周前期的车马器，河南洛阳北窑出土

08

诗的中国及其风雅

——“南化”

周人不仅以战车还以诗运载着他们的理想国。

诗，是人类通过语言表达情感的一种美妙形式。

先民在诗里，向我们倾诉文明初曙时的欣喜和恐惧。

我们以此来看《诗经》，其《风》《雅》《颂》之三味，就不是一句“中国最早的诗歌总集”所能道出的，而应从“饥者歌其食，劳者歌其事”中来认真体会。

用诗的眼光来看中国，便有一个情之所钟的诗的中国。

古代王者，设采诗官，征男年六十、女年五十无子者，由官府供给衣食，让他们“振木铎徇于路”，摇着木柄金铃，一路走去，与人交谈，在民间求诗，倾听“男女有所怨恨”，从王官立场，说明诗的来源，使王者足不出户，便“尽知天下所苦”。

古人之于诗，似乎早就认定了诗不言福，而趋于诉苦，诗不娱乐，要有悲情。民有怨恨，以诗倾诉，男女“相从而歌”，咏悲伤之情，其怨恨，便风诗化了。

从西周到春秋，中国先民就这样“诗意地栖居”。

“天听自我民听”，采诗就是“自我民听”，王在诗里，倾听风。

《诗经》还有一个来源，庙堂之上，天子听政，公卿、列士献诗，这样的政治，亦风雅如诗，故《诗经》中，便有了《大雅》《小雅》，而《颂》，则是庄严的祭祖歌。

古希腊史诗，以荷马个人命名，而中国《诗经》，则为“国风”，乃一国之流行；一为独吟，一是百人、千人传唱，传唱着《风》《雅》《颂》，形成诗的中国精神。

司马迁说，古诗素材原有三千余篇，经孔子编订后，仅保留了三百零五篇，除了诗，还有歌，孔子和他的弟子们，吟咏诗篇时，“皆弦歌之”，就保留了诗本来的传唱形式。三千年前，就有三千多首诗，在黄河、长江之间传唱，这是何等风雅！

到了孔子来编订时，对诗与歌都做了整理，而有诗有乐。

也有人说，儒家六经，现存五经，《乐经》就在《诗经》里面。孔子编《颂》诗，就配宗庙祭祀音乐；编《雅》诗，就配宫廷礼仪音乐；编《风》诗，就配各国流行音乐。

诗与乐互动，孔子确立了“思无邪”的准则，选择了“温柔敦厚”的国风与民乐。风为“讽”，要人将内心的怨恨“讽”出来，但要有节制，也就是“礼节”，要“哀而不伤，怨而不乱”，所以说，“讽”，并非审丑，而是审美，“讽刺”便是“美刺也”。

赋诗至春秋更甚，而有“不学诗，无以言”一说。不但表达个人情绪要吟诗，表达国家意志也要吟诗，“先礼后兵”的那个“先礼”，也就是通过吟诗来外交。

春秋时期，一个好的外交家，要能在不同场合，吟出与之相应的诗，用诗礼来引导国与国之间的政治，维护国际秩序。有时，战争与和平，就取决于一句恰如其分的诗。

一诗泯恩仇，一诗起干戈，春秋人把国家纳入诗的风雅，吟诗成风，而风化天下，“讽”之意味，即为风化。言志的诗，风化的诗，从内心咏出，成了各国之风。

孔子编《诗经》，有十五国风。十五国地域，都在黄河、长江之间，大致囊括了当时的中国范围，包括今天的陕西、山西、河北、河南、山东、湖北，何以江南未涉猎？周朝采风，虽未涉江南，但江南之于诗的中国并不陌生，当年，吴国公子季札至鲁观礼，乐舞纷呈，国风开显，季子引诗点评，其格局之大、格调之高，竟不让中原各国时贤。

歌诗，分“徒歌”与“弦歌”，“徒歌”为清唱，“弦歌”有乐曲伴奏。十五国风，均配以国乐，或婉约如清风一缕，或浩荡似江河千里，多么壮丽的中国弦诗！

《诗经》十五国风，一开篇，即《周南》《召南》。南，由钟镈类乐器演变，而为乐曲之名，故称“南音”，后来，其音失，词还在，就称为“南”。或以地理言，即周、召之风，自北而南，发于岐周，迄于江汉，是为南国，即“南土”“南邦”之谓。

关于周、召二公，或曰为周初之周公旦、召公奭，也有人说是后来“共和”的周公和召公。此二说，前后相差数百年，在空间上，对“南”的认识，相去甚远。

若于周初时，必以武王划界言之，亦即以陕——河南陕县为界，划分岐周故地，周公居东都洛阳，向东南发展，称作“周南”；召公居西都镐京，向西南发展，称作“召南”。南下，是周的发展战略，周人采诗，亦随之南下，朝着东、西两个方向进展，西周舆地，东南有楚，西南为巴、蜀，故“周南”为楚风，而“召南”则为巴、蜀风，此一说。

而傅斯年却说：“南国者，自河之南，至于江汉之域。”此说，未分东南、西南，而是直指江汉。他指出：“周朝在那里建了好多国，周邦之内曰周南，在周畿外之诸侯统于方伯者曰召南。”他认为，南国称召，是因为召伯虎，史称召穆公，跟“共和”有关。

召伯虎，曾为周厉王臣，厉王弭谤，他进言：“防民之口，甚于防川；川雍而溃，败人必多。”他这样说时，当然不是要主张言论自由，因为言论自由是个人权利，而他则是从国家利害上来说的，是站在国家立场，而非个人立场。不光是他，整个中国思想史上，都没有人从个人权利上来主张言论自由，可他却在两千八百多年前，将压迫言论自由的危害性指出来了，虽然还是在为王权着想，但他能为此言，其脑中，必已有了自由之思想。

厉王拒谏，用特务加暴政，监控言论，于是国人暴动了，厉王逃走。

召公把太子靖藏在他家里，国人要他交人，他把自己的儿子交出去了。

其间，他与周定公“共和行政”，使政权过渡平稳。可以说，有周一朝，除了文、武二王，还出了两个伟大人物：一个是周初创制的周公旦，而另一位就是“共和行政”的召伯虎。周公执政，尚有“三监之乱”，而召伯虎却以“共和行政”，克服了有周以来最为严重的政治危机。此次“共和”，乃无君时不得已而为之，这在召公本人，亦为权宜。

何以孔子梦见周公，而未梦见召公？那历史的意味，亦可谓深矣。

厉王死，召公结束“共和行政”，拥立太子靖，并发动南征，这一时期，号称“宣王中兴”。召公虎还是我国诗歌史上第一位有名有姓的诗人，先来看他的作品：

江汉浮浮，武夫滔滔。匪安匪游，淮夷来求。既出我车，既设我旟。匪安匪舒，淮夷来铺。

江汉汤汤，武夫洸洸。经营四方，告成于王。四方既平，王国庶定。时靡有争，王心载宁。

江汉之浒，王命召虎：“式辟四方，彻我疆土。匪疚匪棘，王国来极。于疆于理，至于南海。”

王命召虎，来旬来宣：“文武受命，召公维翰。无曰予小子，召公是似。肇敏戎公，用锡尔祉！

厘尔圭瓒，秬鬯一卣。告于文人，锡山土田。于周受命，自召祖命。”虎拜稽首：“天子万年！”

虎拜稽首：“对扬王休，作召公考。天子万寿！明明天子，令闻不已。矢其文德，洽此四国。”

诗名《江汉》，出自《大雅》。召公伐夷，兵临江汉流域，率得胜之师，宣王敕以远征，要他到南海边去，说他像先祖召公奭，赐他礼器、美酒、土地，召公谢恩。

诗里，有四次出现他的名字，两次称“召虎”，两次称“虎”，这表明，诗的作者就是他本人。《毛诗序》说“《江汉》，尹吉甫美宣王也”，这显然是误会了。朱熹《诗集传》早就指出，该诗同古器物铭“语正相类”。郭沫若《青铜时代》认为，该诗与存世《召伯虎簋铭》之一，所记乃同时事。《簋铭》之“对扬朕宗君其休，用作烈祖召公尝簋”，与诗之“对扬王休，作召公考”文例正同。很可能该诗为簋铭，而作者就是召虎。

召公此诗，有两大景观，自然景观为江汉水，人文景观为武夫。水之优美与武夫之壮美，表现了召公南化风味。其风化所及，在江汉流域，而风化之行，则以武夫之威。我们认为，理解南风，当以此二者为依据，不离江汉水，兼以武夫威。这便是文王之风，吹化江汉了，南化之人，止于礼，达于乐，如《周南》之诗，开篇就是《关雎》：

关关雎鸠，在河之洲。窈窕淑女，君子好逑。

参差荇菜，左右流之。窈窕淑女，寤寐求之。

求之不得，寤寐思服。悠哉悠哉，辗转反侧。

参差荇菜，左右采之。窈窕淑女，琴瑟友之。
参差荇菜，左右芼之。窈窕淑女，钟鼓乐之。

很耳熟的一首诗了，诗以“关关”鸟鸣声起兴，是春之声？那鸣春的鸟儿，徜徉在芳草萋萋、河水依依之洲。我们忍不住要问：那雎鸠，究竟是什么鸟儿？

雎和鸠，是两种鸟，可有人却把它们当作一种鸟，故难免偏执。偏于“雎”，则称鸷鸟，或称为鹗，《毛诗传》曰：“雎鸠，王雎也，鸟挚而有别。”唐孔颖达《毛诗正义》引郭璞《尔雅注·释鸟》：“雕类也。今江东呼之为鹗，好在江渚山边食鱼。”

而偏于“鸠”者，则认定雎鸠为鸠类。在动物学里，鸟的分类，只有鸠鸽科，故《诗经》中“雎鸠”，或为斑鸠之类，还有人以鸠为大雁，为苇莺以及白腹秧鸡等。传统的解释偏于“雎”，偏于“雎”者，落脚于王权；现代的解释偏于“鸠”，偏于“鸠”者，回归于自然。

国风来自民间，成于王官，有来自民间的自然——人民性，也有成于王官的标准——礼教精神，因为《诗经》毕竟由王官加工而成。人民性并不排斥礼教精神，相反，当礼教精神初起时，那是从人民性中生长起来的，它表达了人民性的一部分，因此，《诗经》中的礼教精神，反映了一种优美的人民性，《诗经》之美，美就美在这二者的高度统一。礼教的危害，其实不在礼教本身，而在于它被无所不包的王权无限放大以后，取代了人民性，以人民性中很窄很窄的一部分作为人民的标准，正是这样的局限性，扼杀了人民性。

现代人读《诗经》，标榜人民性，用人民性的眼光来读，却排斥其中的礼教精神，忽略了原始礼教精神中固有的人民性因素，和《毛诗》一样割裂《诗经》。

谈《诗经》，当然要以人民性为根本，而人民性在诗里，则表现为古雅的礼教精神，诗中君子、淑女，就是礼教精神的标志，显示了高贵而优美的人民性。

礼教，本来是从人民性中开显的精神之花，但它却被异化。异化，始于秦汉大一统，是由于王权绝对化，礼教从此失落了人的精神，唯余其名分。以人的规定性，使人不成其为人；以民的规定性，使民不成其为民；以名分解《诗经》，诗也不成其为诗。

《毛诗》将“雎鸠”纳入名分中考察，以“雎”为“王雎”，把“鸠”放在那里，好像没有看见。而反之者，则屏蔽了“雎”，以“鸠”为莺、为鸽、为斑鸠……虽然没提名分，没有按照王权主义的标准，但也放弃了《诗经》里那原始的礼教精神，诗失其真。诗之人民性及其自然生成的礼教精神，此二者，造就了诗性的国民——雎和鸠。

雎，喻君子，鸠，喻淑女，君子与淑女之性，是周人的国民性。君子如雎，乃“赳赳武夫，王之爪牙”，淑女如鸠，君子好逑，君子打天下，淑女“宜其室家”。君子与淑女，为战争年代，提示了一种人生理想，如《林海雪原》之君子少剑波、淑女白茹，“万马军中一小丫”，那个美呀！有如战士诗人郭小川，满怀激情歌咏秋天的团泊洼：战士自有战士的爱情，忠贞不渝，新美如画……此时此刻，他在呼唤那生死相依的淑女啊！

淑女之美，美在那“窈窕”二字，如“参差荇菜，左右流之”，真可谓婉约之至。君子之于淑女，先是爱慕——“寤寐求之”，继而交往——“琴瑟友之”，终于迎娶——“钟鼓乐之”。这一套，纯属自发的礼仪，自发性源于爱情，这就是原始礼教精神。

基于此，君子拓土，淑女安家，国家战略，也就转化为人生理想啦。

从男女到夫妇，人生因礼教精神而升华；君子与淑女，作为立国之本，成了西周政治文化，这便是“正夫妇”而“风天下”。《毛诗》已是汉人解诗，离《诗经》时代已很遥远，但那也是一路沿着春秋人的风诗传统走来的，如季札评诗，就已为《周南》《召南》打好了王道基础，因此，《毛诗》接着说：“王化之基，是以《关雎》乐得淑女以配君子。”就此而言，毛诗尚能纲举目张，提升要义，再往下引申，就难免过度阐释，甚至硬贴标签了。

诗有妙味，对解诗而言，要在适可，往往解释越多，失去越多。

《周南》《召南》情诗，有二十五首，其中，还有《桃夭》：“桃之夭夭，灼灼其华。之子于归，宜其室家。”“夭夭”，淑女之姿也；“灼灼”，淑女之容也。未言淑女，而淑女之美已尽出矣。这是哪一位君子？竟然如此有福气和运气，能有个“宜其室家”的淑女？

还有《野有死麕》：“野有死麕，白茅包之。有女怀春，吉士诱之。”

也许有人会问，这样纯粹的男女之间表达爱情的诗，怎么会有礼教精神？我们认为，这首诗，依然以君子、淑女为原型，其诗意，直白了说就是君子狩猎，猎获了小獐子，用白茅包好了，献给淑女。为什么说是君子，而不是猎人呢？这就要通观全诗了。

君子本是战士，出身贵族，平时就要以狩猎作为实战演习，有猎获乃常事。用白茅包着猎物，这猎物，就变成了礼物，此乃君子向淑女行礼。

记得当年齐桓公伐楚，管仲责问楚君：为什么不向周天子上贡包茅？

由此可见包茅重要，因其沾水不湿，能渗酒，故天子祭神不可或缺。酒洒包茅，渗入，表面不沾酒，却从茎内滤下，以示神享。而白茅，为包茅一种，未成熟时色青，为青茅，成熟晒干后，色白，为白茅，以白茅包麕，是对淑女的最高礼赞。不是任何东西都能成为礼物，只有通过礼仪，才能成为礼物，正是白茅使死麕获得了礼仪的形式。

淑女“怀春”与动物发情以及人的情欲发动都不同，那是人道初萌。

“怀春”二字，将淑女之内美一语道尽，春天多美啊！冰河化了，枯草绿了，枝头花开了，小鸟飞来了，万物都在她的心怀里欢唱，爱醒了。彬彬有礼的君子——“吉士”，手持白茅，就如同现在手捧鲜花，来到这位淑女跟前。“吉士诱之”，她在春梦里，随“吉士”而去。《周礼·地官司徒》说，春天来了，男女自由相会，“奔者不禁”。

周礼之制，居然还有爱情的节日，所以季札说：美啊！王道始矣……

若干年以后，就出现了胡兰成笔下《山河岁月》里的那种情景：

> 堂前有嘉宾，主人陪着在说话，家里的妇人与小孩皆觉得晌午的光阴如天如地，新妇出来到客人面前安箸布菜，檐下初夏的天气照映得人的眉目和杯盘都是新的。客人问她话，她笑着回答，主人和她说话，她也含笑回答，有喜气与谦逊，一只盘子里齐齐摊一把白茅，短短的好像兰芽，白里隐隐带青，是一种最清洁的颜色，而所谓白茅缩酒，即是撮几茎放在杯盏里斟上酒，取它的清香，人乃觉得这白茅亦真的与众不同了。

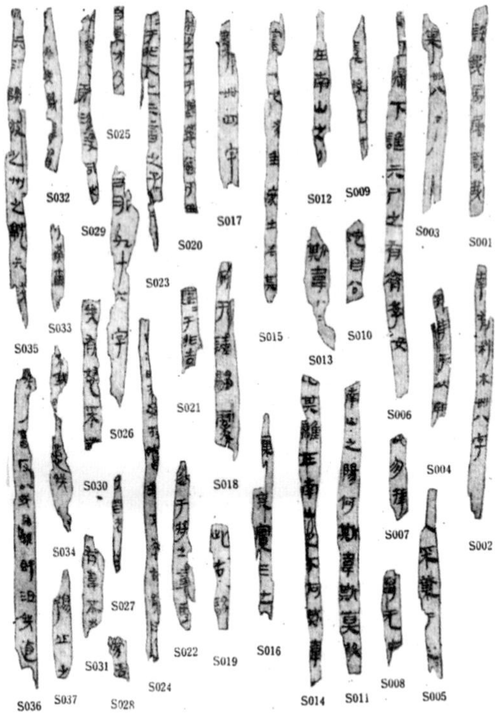

现存最早的《诗经》写本

这是现存最早的《诗经》写本，是楚国流传下来的。

周人不仅以战车打天下，还以诗运载他们的理想国。想知道最早的诗是怎样的，可以到安徽阜阳去，那里有座双古堆1号汉墓，出土铜、漆、铁、陶等器物二百余件，有“女[汝]阴侯”铭文，墓主应为西汉开国功臣夏侯婴之子夏侯灶，卒于文帝十五年（前165年）。

墓里还有大量简牍，包括竹简、木简和木牍，清理出来有《诗经》《周易》《仓颉篇》《年表》《大事记》《万物》《作务员程》《行气》《相狗经》《辞赋》《刑法》等。

《诗经》整理出一百七十余只破碎的简片，有今本《诗经·国风》中的近六十篇诗和《小雅》“鹿鸣之什”残句，有些偶尔仅存篇名。与《汉志》载鲁（申培）、韩（婴）、齐（辕固）三家及毛传《诗》均有不同。

克钟，高 54 厘米，舞纵 19.7 厘米，舞横 27 厘米，鼓间 23 厘米，铣间 32.3 厘米，重 30.7 千克，陕西扶风法门寺任村出土，有铭文 79 字，内容为周王命“克”巡游泾水，依据铭文推定，器成于周孝王时期

周公制礼作乐在哪里？就像考古学家在殷墟发现了商朝王都一样，他们在《诗经》之“大雅”“小雅”的引领下，来到陕西岐山、扶风一带，寻找周原，寻找周王朝的王都。但实际发掘的结果，却与那片曾经肥沃并孕育三代理想的土地有相当大的落差，也许《诗经》描绘的烙印太深刻了，才会对西周母地给出的当下线索，有些迷惑不解，考古学家原以为在这里

可以发现周初的大型宫殿遗址。

迄今为止，在周公庙、扶风、岐山等周原之地，还未发现王陵，也未发现一套完整的、能体现周公制礼作乐的制度性器物。如，与天子身份配套的宫殿遗址或九鼎、编钟等。不过，周原还是给人们留下了期待，考古人在此发现了大量的甲骨，甲骨卜辞，种类繁多、工艺精美的青铜器，还发现了大批的墓葬群或贵族大墓，以及大型建筑遗址。他们继续对这一带进行考古勘察。

毕竟《诗经》已经指引了我们“于彼朝阳”“考卜维王，宅是镐京”，那就按图索骥吧，就像德国考古学先驱谢里曼手拿《荷马史诗》发现特洛伊一样。

其实，《诗经·大雅·卷阿》就是一首献诗，“凤凰鸣矣，于彼高冈；梧桐生矣，于彼朝阳”。西周贵族们是很认同这一典故的，那就在周原继续寻找凤凰吧。

在已经发掘的贵族墓葬中，有一个有趣的现象，那就是大部分贵族墓葬的墓主是异姓诸侯，还有就是发现大量窖藏遗物。这两大发现，既给人喜悦又令人不解。有学者解释，也许同姓亲戚已经被分封到各地，随之迁徙，他们将宗庙祭祀等礼器窖藏，或因战乱而窖藏。如扶风县庄白村窖藏乐器，至少让我们看到了与周礼、周诗相应的“雅乐”的蛛丝马迹。

西周的雅乐产生于周公制礼作乐之时，周礼对雅乐的规仪有严格限制。如钟、磬按等级规定，天子四面悬挂，诸侯三面，卿大夫两面，士一面。完整一套为八件，大小依次排开，乐与诗互动，贵族们社交，主客吟诗打招呼问候，渐渐形成了温文尔雅的社会风习。

在周原未能找到王朝的江山，但却发现了精美的文化的江山，那里出土的器物，也许并非出自天子王陵，但每一件都反映了时代的生活气息，都附有一种诗意的气质、审美的意味。

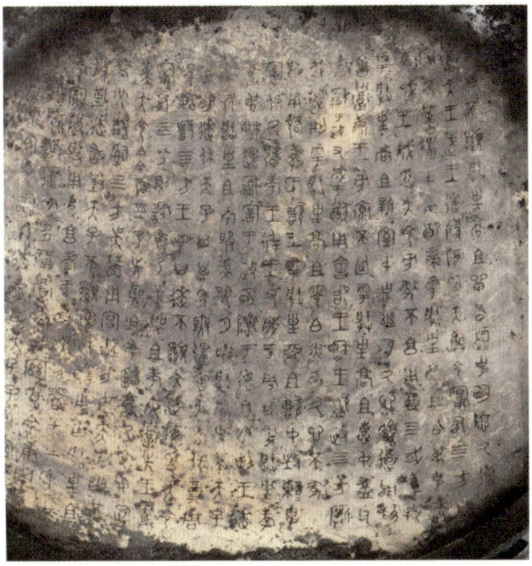

逨盘及其铭文，逨盘高 20.4 厘米，口径 53.6 厘米，
重 18.5 千克，陕西省宝鸡市眉县窖藏出土

史墙盘的价值重在内底铭文 18 行 284 个字，使得史墙盘被誉为“青铜史书”，为研究西周全盛时期的历史提供了简约而珍贵的史料。铭文分为两部分：第一部分陈述并赞美了西周文、武、成、康、召、穆、共王七代的政绩和德行；第二部分自赞家世并祈求多福、子孙。逨盘，晚于史墙盘，属于西周晚末宣王时期的器物。逨盘亦出自周原窖藏，位于陕西省眉县杨家村，内有铭文 21 行 372 个字。讲述“逨”的祖先单公辅佐文王、武王

灭商之功以及受封事迹。记述了高祖单公到“逨”八代人完整的单家家族史，与此对应，八代人辅佐了周王室从文王到宣王的十二代君王。第一代先祖单公佐文王、武王，功劳及地位比肩周公、召公，到了第八代“逨”，官职虽然不太高，但在朝中也有职位，还曾带兵打过仗，如今他为宣王管理山林湖泽，谨敬职守，特铸此盘，以诫子孙。

逨盘是目前所知西周金文中记载最完整的十二王世系，也佐证了《史记·周本纪》所载的准确性。

逨盘之后，逨或许没有想到他的子孙只经历了西周最后一王，就再也无法效忠天下共主的周天子了，因为周幽王姬宫湦在耽于美乐中被犬戎杀死。

西周与殷商并非承继关系，而是文明进程中一种王朝文化超越另一种王朝文化的博弈。周初，从以神为本的杀掠世界，走向以民为本的人文天地。钟鸣鼎食、诗礼奏乐近五百年治世，培养了任性唯美的皇家贵族子孙。周幽王姬宫湦死于耽美，却用美翻开了春秋历史新篇章。

如果不从王朝体制考虑，这倒是个迎合人性的好开端。可人类偏偏要规范或羁勒人性，便用这段历史为人性编撰了一套教科书，文武周公被奉为后世伦理政治的理想楷模，而姬宫湦却被谥号为“幽王”，作为政治正确的反面教材，留下千古骂名。

可逨盘的赞词又有多少是名副其实呢？有时，历史一被后人诘问，就会露出不诚实的马脚。为什么会有“宣王中兴”？因为他的父王姬胡就是大名鼎鼎的周厉王。他在当周天子之政时，把这段历史搞砸了。他不光有“弭谤”之名，“贪婪不厌”是他更响的名头。他一上来就垄断山林湖泽之富，与民争大自然赐予的福利，将民生赖以生存的根本据为己有，引起“国人”——居住在城里的工商业者的不满，他们起义杀死了周厉王。从周文王到周厉王，西周已历十一世，可周厉王没能守住前十世的治世景象。

㝬簋，高 59 厘米，口径 43 厘米，重 60 千克，陕西省宝鸡市扶风县齐村出土

㝬簋，出土于陕西省扶风县齐村，乃周厉王之器。据文学学家、考古学家唐兰考证，“㝬”是“胡”的发音，“胡”为周厉王的名字。方座鼓腹盆式簋，器耳饰两条飞龙。形制端庄，天圆地方，确有王者气象。

簋内底有铭文 12 行 124 个字，为周厉王自作的祝词。辞曰：我虽然是个小子，却昼夜不敢耽于安乐。我日夜尽心于先王事业，以配享皇天……

他很辛苦，因为他要监督人民的言论和思想，他要听不到一点反对的声音，美其名曰“弭谤”，没日没夜派人监听，连诗人都停止了吟唱。

国人不再交谈，却“道路以目”；国人不再作诗，却发动了起义。

国人杀死这位毫无“诗意”的特务天子，缔造了第一次共和政治。

09

诗的中国及其风雅

——“忧雅”

《诗经》，是中国北方先民的诗歌，由儒家编辑而成。

即使是南风，也是北人南化之风，并非南方本土之风。

北人南下，得南国水土滋养，因而具有了全国的代表性，又被周人寄予了“王土”厚望，故《诗经》一开篇，南风居首，周人的国家理想，从黄河到了长江。

诗之南风，已如上所述，现在，来谈北风，从《王风》谈起。

周公营造东都，平王东迁，定都洛邑，属地民歌，乃称“王风”。

《王风》之诗，计有十首，然其范围，仅在洛阳一带，本应入《雅》，却因平王之时，周室式微，其势在诸侯国下，故其诗，自不能复雅，降格而列入《风》。但国人犹尊之，尚以“王风”视之。《王风》皆为东周之作，东周之俗与西周之风，已然别样。

《王风》十首，多为离乱哀怨，发故国之思，作黍离之叹。

故国早已不堪回首，可偏要回首眺望，宗庙何在？宫室何在？眼前，唯有黍子离离似浪，牵动思念滚滚而来，还有稷子青青，苗亦怀新，难免一问：谁念旧君？

诗人之履，行于故地，轻轻地，“行迈靡靡”，悠悠地，如风吹心旌。

他摇摇晃晃，其心如醉：稷子之苗，在心头抽穗，想一吐为快，可胸中有块垒，将它噎回；稷子之苗，在心头结子，诗人像沉甸甸的谷子一样，变得深沉起来，让一吐之欲，在心中千回百转，化为一声叹息："知我者，谓我心忧；不知我者，谓我何求。悠悠苍天，此何人哉？"

如此三番，一唱三叹，有意味的是，"此何人哉"，究竟何所指？

是指向过往历史，问向历史事件中的当事人，如幽王、褒姒？还是指当下？或者指在怀旧中反嚼历史，并通过历史，萌发自我意识的踽踽独行的诗人主体性？

诗人一问，何其大雅！那是面对天命无常的人性"忧"雅。

王风所化，发为"忧"雅，于《郑风》《卫风》中，开出无常繁花。

《邶风》《鄘风》《卫风》，"三风"合一，有诗三十九首。

邶、鄘、卫，原属殷都朝歌王畿，武王克商，封纣王子武庚于邶（今河南汤阴东南）。武庚作乱被杀，周公尽没其地，封于康叔，邶地并入卫国。鄘地，本武王弟蔡叔的领土，位于今河南新乡北。蔡叔叛乱，周公诛之，尽没其地，封于康叔，故鄘地也并入卫国。卫是武王弟康叔的封地，平定武庚之乱后，康叔增得邶、鄘之地，居朝歌，即今之河南淇县，统称"卫"，乃当时大国。故诗家论诗，亦将邶、鄘、卫诗合为一卷，统称"卫风"。

卫承殷商遗产，卫诗因之亦有殷商遗风，殷人青铜纹饰，尽显豪华能事，《氓》和《谷风》皆为长诗，以其滔滔之节奏，反复诉说，铺陈诗绪，无论《硕人》同情庄姜，还是《君子偕老》讥刺齐宣姜，言其美，则不厌其烦，一如青铜纹样，极尽铺张。

卫风情炽，如火烈烈，宛如纣王在朝歌的鹿台上，举行烈火之葬。

当年，朝歌是酒神的领地，富与美具足，殷王纣在那里夜饮长歌。

他唱了一出王的悲剧，灵魂就出窍了，在冲天的火炬中，喟然而逝。

但悲剧的幽灵还在，在卫风里徘徊，附了王子之体，以诗表现出来。

在卫风里，流行着“一个女子与小人”的故事，那女子，不如妲己美丽，淫荡却更甚于妲己，那小人，不如纣王伟岸，却比纣王更加阴险；那女子，就是齐宣姜，而小人，便是卫宣公。正是这两人的荒淫无耻，导致了一出王子的悲剧，令人不禁唏嘘。

《邶风》里有《新台》一诗，写的是一朵鲜花匹配牛屎的故事。那鲜花本是齐宣姜，虽非淑女，却也有“燕婉之求”，本来要嫁给英俊少年王子伋，没想到却被卫宣公霸占了。

那卫宣公的模样，极其丑陋，驼背又鸡胸，要多难看就有多难看。

诗人说，张设渔网，本来是为了捕鱼，可渔网里，却闯入了癞蛤蟆。

但卫宣公替宣姜筑的行宫——新台，宣姜瞧着很顺眼，就在黄河边。无边情欲，如河水浟浟，在台下蜿蜒，如惊涛拍岸，反响连天，她没见过她的王子，觉得新台比王子好看，更何况她情欲“浼浼”，在新台泛滥，于是啊，新台高高，癞蛤蟆来拥抱。

可怜那王子伋，乃宣公诱奸父亲之妾夷姜所生，生来就名不正。

现在，宣公又夺走了他的妻，一时流言四起，而他却默默无语。

灰姑娘一样的悲情王子，内心却十分优美，充满了孝与悌的光辉。

在这样一出王子的悲剧里，感人肺腑的，不是哈姆雷特式忧郁的爱情和孝行，也不是阿喀琉斯式刻骨铭心的超越神谕的友谊，而是兄弟间的情义——悌。

当父不父时，王子没有像哈姆雷特那样考虑：孝是一个问题。

对王子伋来说，孝是天命，出于天性，他把自己的生命，看作父亲生命的一部分，是父亲生命在他身上的延伸，他的个体性尚未觉醒，不可能像哈姆雷特那样抽心一问。孝是绝对命令，父要子死子不能不死，悲剧的根源就在这里，而兄弟情义——悌，在此便是自由意志。自由意志在必然性里死去，这就是悲剧，悲剧的美，多半也就在这里。

卫宣公与宣姜同居，生下了两个儿子，名寿和朔。从此，宣姜就想要害死伋，欲立她亲生的儿子寿为卫国之君，便让卫宣公派伋出使齐，她设置埋伏，要在半路上就把伋杀死。寿得知这一阴谋，便立即告知兄长伋，可伋宁死也不肯逃往他国。当兄长伋要乘船赴齐时，弟弟寿只好用酒把伋灌醉，自己另坐一只船，打着使者的旗帜，前往齐国，中途被埋伏者杀害，替兄长伋而死。伋醒大悲，立即乘船追去，亦被埋伏杀死。

王子伋的保姆，预料二子此去，凶多吉少，赋诗《二子乘舟》：

二子乘舟，汎汎其景。愿言思子，中心养养！
二子乘舟，泛泛其逝。愿言思子，不瑕有害？

卫风里有一种“忧”，那是经历了纣王劫难、武庚作乱的“忧”，虽然“忧”是一种普世的情绪，人人皆有，但经历了历史巨变的“忧”，分外沉郁。沉重的忧，终于在悲剧里爆发了！王子两兄弟，争先赴难，又为普世之忧，格外添了几分重量和悲凉。悲剧过去了，留下来的，却不是高扬了自由意志的悲剧精神，而是过度美化了的孝悌意识。在这样的悲剧里，王子的个体性尚未觉醒，二子之死，没有确立起文化个体性的悲剧精神，而是用青春的生命去擦拭那刚刚启蒙的孝悌之礼教精神，用蓬勃的朝阳为国家的黑暗献礼。

卫宣公再无耻，二子之死，他也不会无动于衷吧？不久，他也死去。只有宣姜，害死了自己的儿子，不仅没有收敛，反而变得更加无耻。宣公死后，宣姜与其庶子公子顽私通，一连生了五子，诗曰《墙有茨》：

墙有茨，不可埽也。中冓之言，不可道也。所可道也，言之丑也。

墙有茨，不可襄也。中冓之言，不可详也。所可详也，言之长也。

墙有茨，不可束也。中冓之言，不可读也。所可读也，言之辱也。

可宣姜呀，任汝笑骂，依然无耻，而且堂而皇之，泼辣无比。无耻，从癞蛤蟆闯进她命运之网的那一天就已经开始，被癞蛤蟆霸占时，她都没守贞操，现在还守什么孝！熬了这么多年，她献出自己的王子，还有儿子，现在终于解放了！她要报复，她要霸占卫宣公的王位，还要霸占他的儿子，她要让他的儿子接着为她生子，把乱伦进行到底。

原来她还有情欲，现在情没了，只有欲，赤裸的欲，无牵挂的欲。

当然，还有美，没有美，她怎样活下去？她那美啊，如铜冶纹饰，美得狞厉诡异，带有金属的杀气，神秘而又豪华无比。《君子偕老》写她的美，看啊，她头戴蓬松如云之假发，还有华丽的金簪玉笄，穿着很得体的象服，看上去，既端庄又绚丽多姿，举止之稳重，“委委佗佗，如山如河”。这样庄重的美人，你却不是淑女啊，让我们怎么说？她是那样耀眼，穿着彩绘的丝绸衣裙，飘飘欲仙，如帝子乘风而至。美人如此飘逸，本就黑发如云，白肤如玉，一身贵气，为何戴假髻？玉人啊玉人，丹红的绉纱织成内衣，紧贴着你洁白的玉体，外面罩一件精致的翠绿细葛衣，那款式啊，配着你眉清目秀和丰满的脸型，那真是我们卫国美人的标准，可惜啊，你不是淑女，让我们怎样来评价你？

美在她身上泛滥，泛滥成灾。《鹑之奔奔》曰：“人之无良，我以为兄……人之无良，我以为君。”那口气，便似公子顽的弟弟：那个不善良的男人，是我兄长……那个不善良的女人，是我后娘；哥哥与后娘如“鹑之奔奔”成双，我这个做弟弟的能怎样？

季札观《卫风》，而叹曰：“美哉，渊乎，忧而不困者也。”的确，《卫风》“忧美”，其忧深广，源于殷商，有如青铜纹样。那宣姜的美，就是狞厉之美，有如青铜之饕餮，食人未咽也。那“生不有命在天”的长啸，还在《卫风》里飘摇。殷人爱美，那是赤条条奔放的情欲美，赤裸裸沉淀的肉欲美，有美饰却无礼仪，有率性而无嘉德，竟然可以美得亡国。

这样的亡国因子，作为国风，传给了卫，使卫人率性而狞厉，即使要行礼制，也不讲究礼仪，恶口相向时，那语言的暴力，简直所向披靡，有如《相鼠》一诗：

相鼠有皮，人而无仪！人而无仪，不死何为？
相鼠有齿，人而无止！人而无止，不死何俟？
相鼠有体，人而无礼！人而无礼，胡不遄死？

一腔义愤，破口而出，一骂到底，至死方休，这便是《卫风》。

于此，我们亦可见《卫风》中，呈现着情欲与礼仪肉搏的痕迹。

当时，屏藩王室，卫居黄河北，郑居黄河南，两国风相近。

郑，分前郑后郑，前郑在西周，称为西郑；后郑在东周，称为东郑。西郑，在王畿附近，今陕西之华县西北，宣王之弟友开国，称郑桓公。幽王死，桓公殉，郑亡。其子武公，于洛邑一带复国，建都新郑，地据中原，北临卫、晋，南接楚、陈。

《郑风》二十一篇，皆为东郑诗歌，东郑民俗，有晋、楚之风。

东郑，居晋、楚两大国之间，朝晋而暮楚，立国常有两可之忧。

其文化，难免也受了晋、楚两国的影响，晋之简约厚重，楚之轻灵飞扬，在《郑风》里面，都有反映，如东郑出土之莲鹤方壶，壶体源于北地，鹤形来自南域。

现在谈文化，都说东西合璧，这是近代以来的说法。在中国传统文化里，春秋以后，南来北往的交流很重要，此物将南北文化融于一冶，当时具有“国际性”。

莲鹤方壶，方形，壶体，莲花座，是一件青铜酒器，器身多纹饰，四角有攀缘之龙，拱卫着莲花丛中展翅欲飞的独立之鹤，鹤舞莲花，出自南北之间的《郑风》。

郭沫若说：“此鹤似突破上古时代之鸿蒙，正踌躇满志，睥睨一切，践踏传统于其脚下，而欲作更高远之飞翔。”如此说来，乃郭氏借物起兴，难免其夫子自道。

其实，此鹤没那么张扬，其欲高蹈，却不忍离去，此乃王雎。

以此鸟为鹤，乃今人所言，若放在《诗经》时代言之，此鸟为雎，乃王之战士，礼之君子，为王雎，其视高远，其迈矫健，做起飞状，其神忧郁，若盼淑女，可谓“忧雅”之极矣！故依我等所见，此壶之名，当称“雎壶”，而非所谓“莲鹤方壶”。

东郑所居，本为王畿，实乃周南之地，以雎起兴，此乃诗意。

此雎，或为《女曰鸡鸣》之士，妻要他早起，说鸡鸣了。他说，天还没亮呢。妻说，启明星都起来了。他说，那我们就一起飞吧！龙游之壶体，那便是雎的家，雎从家里出发，带着妻子飞。执子之手，比翼齐飞，与子偕老，此乃夫妇之道——礼教。

据说，此壶本为一对，同居一室，现在几经流离，分居两地；据说，一只在北京故宫博物院，另一只保存在河南博物院，这两只一样吗？它们何时能相聚？

“风雨如晦，鸡鸣不已。既见君子，云胡不喜！”这是《风雨》诗。

天昏地暗中听见鸡鸣，风雨飘摇时归来君子，妻如雷电惊喜！

郑女多情，历来诗家都说“《郑风》淫”，“淫”是泛滥的情，礼制难禁。

然而，多情就“淫”吗？情之所钟，正在我辈！多情通往审美，《郑风》向美开放。夫妇之道，是向着“礼之用”的美开放的，温婉如玉，而少年男女的爱，却更为直率，他们撇下礼的约束，携手于春花秋月中，唱着“青青子衿，悠悠我心”，直奔美而去。

“一日不见，如三月兮！”这样的自白，多么任性而又率真。

《将仲子》里，那仲子爱得要跳墙了，少女因之又爱又怕，说：但愿我的仲子，别跳墙来到我家里，别踩断了我家的柳树枝。不是我爱惜柳树，而是我害怕父母。不见你啊，让我牵挂，可这样见你啊，父母说过的话，又让我害怕，我该怎么办？

还有诸兄之言和人之言，她都害怕，人言可畏，就从这里出发。

这位怀春少女，活脱脱便似后来《西厢记》里崔莺莺的原型。这便是《诗经》少女，知礼而忧，为爱而雅——“忧雅”。那《遵大路》啊，犹如西北风里的《走西口》，汪汪泪水肚里流。这就是《郑风》，诗意直白，却总有一番惊艳，直往人的心坎里钻……

莲鹤方壶——飞扬的雎

莲鹤方壶，美之尤者，国之宝也。

那是鹤吗？何不称它为“关关雎鸠”之“雎”也？

壶顶莲瓣开放，有立雎欲飞，此乃郑风——飞扬的雎！

郑居晋、楚之间，兼具南北，晋之简约厚重，楚之轻灵飞扬，皆有之。瞧那飞扬的雎，那是自由在审美中觉醒，而美在国风里觉醒。

这只雎，九十多年前，在河南新郑大墓被发掘。

据专家考订，此壶应是郑简公时物品，正值子产新政。

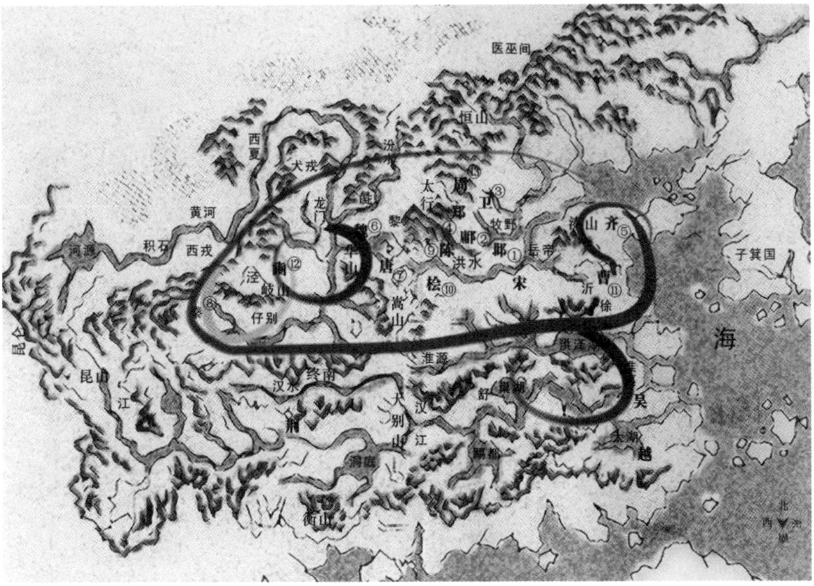

诗经地图

以诗讽世，乃西周美政，而春秋渐盛。如图示，大圈为国风流被之地，黄圈为雅乐悠扬之域。三个小圈，为《周颂》《商颂》《鲁颂》之所在。周公制礼作乐，诗教遍地，品味之，颇有晚风熏暖月，把酒话桑麻的小康风景。

郑卫之音

河南新郑郑国故都遗址出土了206件铜编钟。

这一套编钟，比曾侯乙墓出土的早了近200年。

或曰，郑人善乐，发为郑声，郑女多情，其风淫。

郑声悲而“忧雅”，郑风淫而率性，发乎情而止于义也。

10

春秋从美开始

周人没有了周公，历史变得平庸。起初，平庸是福，后来就麻木。

麻木久了，要刺激，一刺激，便生出春秋故事，又是“小人与女子”。

不过，男女主角，换成了幽王和褒姒，与纣王和妲己相似。纣王英雄，幽王平庸；妲己有心计，褒姒要刺激。妲己之美，如火烈烈，遇之则焚，而褒姒冷艳，一如霜菊，是个谜语，要刺激才能见谜底。美人忧郁，似江南梅雨，难有晴日。

幽王好奇，便日日刺激，敕群臣曰：博她一笑，赏千金。

重赏之下，小人虢石父，献一计曰：点燃烽火，玩个大的。

于是，幽王携美人，登骊山烽火台，下令，将烽火全部点燃。

一时，火光冲天，惊煞诸侯，以为戎人来侵，纷纷起兵，战车滚滚，赶到骊山，却见骊山之上，灯火齐明，钟鼓之乐，不绝于耳，幽王抱美人作乐于烽火间。

诸侯惶然，不知其故，你看我，我看你，面面相觑，跑来跑去。

见此，美人忧容顿绽，一笑灿烂，一声“哈哈”，便将诸侯打发。

再说幽王花钱，从来不曾食言，一掷千金，赏了虢石父那小人。

诸侯怏怏归去，幽王没给他们赏赐。亲小人而远诸侯，诸侯从此怨矣。

只笑一次哪儿够？要一直笑下去，还有个根本问题，需要更大的刺激。

美人“未济”，依然忧郁，幽王挟了烽火之余勇，改立王后、太子。

这谈何容易？那张用血缘纽带和婚姻关系织成的网，早已将他网罗。

就在那张捆绑他的封建之网里，他这样问过：我在哪儿？却没找着。

可这世上，还有美啊！他跟着美走，在美人那儿，他找到了自我。

这自我，可不像他那样平庸，被名分锁着，它竟然要冲决网罗！

他终于下令了，废王后申女，罢太子宜臼，还要黜去外戚申侯。

这一回，他要封“美”为王后，立“爱”为太子，放纵一下被压抑的自由意志。

申侯闻讯，立马联手“亲戚”，还借了犬戎之兵，攻入镐京。烽火冲天，无人响应，那些“亲戚”，眼看着犬戎攻破镐京，杀死幽王，大掠以后，安然退兵。

于是，申侯复辟，召集众“亲戚”，共立原太子宜臼为王——周平王。申侯借刀杀人，却没有负弑君的罪名，其实，他是田氏代齐、三家分晋的祖师，可历史上却从来没有人这样提起，因为他胜利了，何罪之有！历史由胜利者来写，这是哪门子规矩。

胜利者都要篡改历史，其不二法门，就是查失败者的女人问题。

纣王有妲己，幽王有褒姒，秦始皇究竟是谁之子？对所有说不清楚的历史问题，都宜粗不宜细，而最省事的方法，就是找一个女子来垫底，归咎于红颜祸水。

对于女人，不光爱情是永恒的一撇，政治也是绕不过去的一捺。千万不能小看那一捺，每当历史转折，就有女人进入那一捺里，而且越是美女，其爱情那一撇，就越是与政治那一捺相联系，往往以一撇开头，以一捺结尾，结局多半与失败连在一起。

平王东迁，历史翻开了新的一页，这一页，是美人翻开的，属于美。

《诗经·小雅》曰：“赫赫宗周，褒姒灭之。”美人就这样被载入史册。“小雅”是贵族之诗，就诗来看，贵族们已经统一好了口径，他们一致认定，是褒姒，那个烽火戏诸侯的褒姒，就是她那不该笑而笑的一笑，灭了宗周：美人一笑，倾城倾国。

西周国破，史册里，只字不问申侯何以不尊王，不攘夷，还要借犬戎之刀来弑君。这分明就是一朵预告春秋时代来临的恶之花，他那阴谋的身影，却躲在了美人一笑的背后。美人阳光，幽王不幽，其一举一动，都是阳谋，憋得太久了，便与诸侯放手一搏，他向封建制的纵深轻佻一跃，开了失败的头，失败的噩运，就一直跟着他的子孙。历史对王的评价，似乎尽找常识的别扭，例如，幽王做事，直来直去，本来没有阴谋，这应该为“明”，却反而被谥为“幽”，王朝史观里的失败者，多半要被历史这样恶搞一手。

一个王者，还能有真心的爱，这本来就很稀有，稀有得如同麟角。

占有美，可以说是王的本分，可让美自由，跟着美走，就与王相悖了。试想一下吧，他用了多少岁月，来陪伴这么一个如同烟雨迷茫，带有水墨韵味的不笑女人？这需要多大的耐心？可想而知，他内心有多么温柔，就如同雨雪霏霏中那依依的杨柳。

王，是他的命，不是他的选择；美，是他的选择，却要了他的命。

看来，这位不苟一笑的美人，也不可小觑，她的美，与荷马史诗之海伦的美有得一比。荷马称海伦之美，说“她就像永生的女神”。可褒姒那嫣然一笑，也是神来之笔，只此一笔，美，就“倾城倾国”了。

海伦的美，充满神意，具有普世气质，而褒姒却有妖气。将女人的美妖魔化，并非都是“中国”文化，而是周文化。周文化，推崇女人的母性和妻性，关心女人在礼乐文明中的角色和身份，要求女人以传宗接代和相夫教子为本分。尊重女人美德，否定女人美色，故有“周以太姒而兴，以褒姒而亡”的说法。太姒，是文王的妃子，武王的生母。周人将国家兴亡放在一两个女人的身上，似乎过分看重了女人对政治的影响。美德对政治虽然重要，但并非政治的决定力量，美色也能影响政治，但不会对政治产生决定性的影响。

海伦的美，颠覆了古代地中海，可荷马指出，决定世界的不是海伦的美，而是神，美是诱因，针对着人的欲望，神启示命运，要让命运来主宰人的历史进程。

周人占有天命，故其立国之本，如同天命延伸，而有美德之确定。

而美色之难得，多凭机运，其于政治，或为爱的馅饼，或为情之陷阱。被偶然性困扰的国民，多半信仰神，要从对神的信仰中，去获得必然性。然而，周人虽然敬神，却自居于天命，这就要从自身克服偶然性，而偶然性中最大的偶然性，莫过于女人。

殷人的文化是神性的，也是感性的。当周人指责殷人“酒池肉林”时，它或许就从反面向我们提供了一个例证，殷人，不光有册有典，它还有着“中国”式的酒神精神。女人和酒，之于殷商文化，本来就很有分量，在殷人的狂欢里面，既有对感性美的陶醉，更有对神性的迷狂，这迷狂，早已被殷人铸入青铜，至今还在向我们展示其狞厉之模样。

而周人却富于理性，兵法中“多算胜，少算不胜”，就源于理性精神。

孙子为了证明他的兵法，在吴王阖闾跟前，居然将两颗美人的头颅砍下。他够狠，却没人怪他，何也？因为这是周文化，也许他把眼前俩美人就当作妲己和褒姒了。

不管怎么说，感性的美，也是历史进程中的一种能动的力量，不可忽视。周公作《酒诰》以禁酒，虽然压抑了殷人文化中的酒神精神，却难以改变人性对美的渴望，即使再平庸的王权，也会不断扩张占有美的欲望，当王权占有了美时，美也挟持着王权。

《国语》告诉我们，要注意被奴役、被征服一族，他们会用美人来报复。美人是强者的战利品，也被弱者用来行刺。夏桀伐有施，有施人献妹喜，妹喜有宠而亡夏；纣伐有苏，有苏氏献妲己，妲己有宠而亡殷；幽王伐有褒，褒人献褒姒，褒姒有宠而亡周。

《国语》里谈的，都是周人的看法，在女人问题上，将幽王与桀、纣等归为一类，以褒姒为褒人的间谍，这样的舆论，真是当胸一拳，击中了幽王的政治软肋。

可怜的褒姒，她哪知一笑之余，后果竟然如斯？对手夸大其词，本欲置之于死地，可没想到的是，这样一来，反而使一个本来不足挂齿的女子进入了帝王家的历史，还让她的美成了历史的焦点，以至于我们今天谈春秋那个时代，都不得不从她的美谈起。

而老于谋者，如申侯和王后申女，他们当时若敢站到历史的前台来，又何至于要我们谈褒姒的时候，才带上他们一两句？再怎么成功的政客，也只能得逞于一时，他们老是忘了历史，不懂政治的意义根本就在于历史，时间之于政治，都被归结为历史。

可谁能料到，这一时期历史的开端，作为春秋时代到来的那需要灿烂之美的一笔，竟然给了这个从头到脚都被泼了脏水的女子，给了她烽火戏诸侯的嫣然一笑。

那一笑，让平庸的时间变得怵惧起来，或曰，她被戎人掳走，或被杀了……好死，还是赖活，都已无关紧要了，要紧的是，她给历史留下了一个关于美的惊叹号。

历史需要思想和伟业，此外，还需要美，没有美，历史走不出是非。

历史啊，要有文、武、周公那样的思想雷鸣，也要能听到天真的笑声。

我们听够了历史上的忧患之声，还有诗文中的悲吟，可谁听够了笑声？当我们懂得了弥勒何以要“笑口常开，笑尽天下可笑之人”时，回头来看那位给历史留下一笑的美人，她那天真无邪的一笑啊，堪称历史孤品。她以一笑解放了他的君王，使他从平庸中站立起来，居然冲天大笑，把玩诸侯。没有这一笑，幽王可能活得更长久，但他在历史上将化为乌有。她那一笑，便是历史的拐点，貌似强大的王朝，竟然难以承受美人那一笑。

命里是水的女子，却偏要爱火，火在水上，卦象“未济”，意味着旧的要过去，新的正在开始，而她就像卦辞里那只要过河的小狐狸，在河边忧伤、哭泣……可历史却需要她一笑。是君王的爱与关怀，使她终于笑了，这一笑是火啊，幽王照亮了中国！

单璜联珠组玉佩，总长72厘米，晚商至西周早期，陕西省宝鸡市扶风县刘家村西周丰姬墓出土

春秋开始于对美的追求，也许得益于周幽王的一把火，至少将窒息自由的瘴气烧出一个天窗来，给予人们喘口气的缝隙，这与西周始于美的诉求有差。

单璜联珠组玉佩，风格与商代晚期相近。据考证丰姬墓墓主为女性，出土的玉器，没有礼器、仪仗或工具，只有装饰玉件与葬器两类。玉佩在西周是贵族身份的象征，组玉佩从商周以来就具有装饰美与规范仪礼的作用。因此，西周无论男女，都会佩玉，玉象征品德高洁，所谓“古之君子必佩玉”，“君子无故玉不去身”。

组玉佩与贵族身份的服饰相配，佩的长短、璜的多寡，都有严格的规定，要与贵族本人身份相称，并非越多越好，如果越制就会有僭礼之嫌。一般来说，身份越高组玉佩就越长，璜也越多，配饰也越复杂。

组玉佩的主要作用在于调整贵族出行的步态，身份越高，步态越小，行进越慢，才符合佩玉的标准，高贵内敛，风雅俨然。

西周女性墓主，这类装饰性玉器尤多，反映了这一时期对女性美的评价体系以及女性自身所追求的时尚品位。

《历代贤后图之麟趾贻休》，（清）焦秉贞绘

周俗讲究女教兴政，尚女人之美德，慎女人之美色。

《诗经》之女教，乃“窈窕淑女”“宜其室家”之类。

或曰“周以太姒而兴，以褒姒而亡”，把女人上纲上线。

太姒，是文王的妻子，武王的生母。有周一代，女教渊源有自，周室三母，古公亶父之妻太姜，季历之妻太任与文王妻太姒，皆旺夫之女。旺夫即旺国，这种女教之风影响中国人至今。清代画家焦秉贞，以细腻的笔触，表达了对女教的倾慕，将温馨的政治伦理寄托在太任孝事太姜的故事中。周文化推崇女人母性和妻性，关心女人在礼乐文明中的角色和身份，以及细雨润物般的女教兴政。

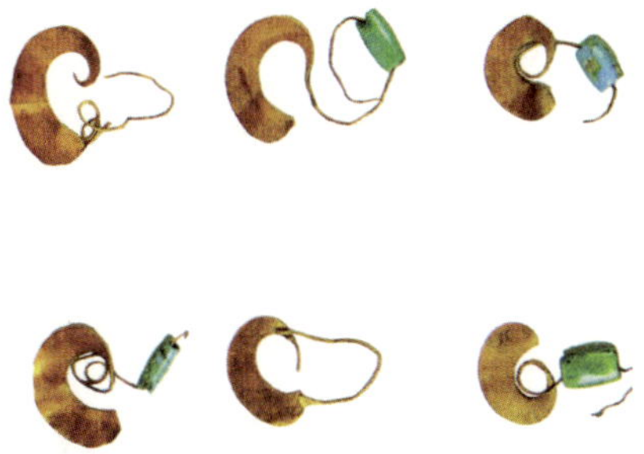

金耳饰，虢国墓地出土

缀玉面罩，西周时期，河南三门峡虢国墓地 M2001 出土

七璜联珠胸玉佩，通长 126 厘米，西周时期，河南三门峡虢国墓地 M2001 出土

腰带金饰，虢国墓地出土

虢国墓里的金玉器

春秋从美开始，参与翻开春秋这一历史页面的虢石父，也与这个家族有关。虢国墓葬，多金玉器，让我们见识了贵族品位。

周人金饰传世极少，这套美丽的金耳饰，两种色调，金黄与碧绿，形似月牙儿，还有精致的金腰带配饰，当然就很珍贵了，这金饰与玉饰还不同，它炫耀的大部分是人欲。

虢国墓葬群的玉器，原料大部分来自和田玉，而且其数量之多、品种之全、工艺之精、玉质之好，在整个西周时代都极为少见。

有好几个成语与这个家族有关。“玩火自焚”，就是由于虢石父的唆使，而“唇亡齿寒”，则是早就埋伏在这个家族里的悲剧，迟早要来的。

龙凤纹玉饰，长 13.2 厘米，宽 5.4 厘米，西周时期，河南三门峡市虢国墓地 M2001 出土，河南博物院藏

玉牛首，通高 11.2 厘米，宽 9 厘米，西周时期，河南三门峡市虢国墓地 M2001 出土，河南博物院藏

玉马面，通高 5.8 厘米，宽 3.8 厘米，西周时期，河南三门峡市虢国墓地 M2001 出土，河南博物院藏

周文王有两个弟弟，虢仲与虢叔，他们追随文王、武王打天下之后，被分封为东西两个虢国。弟弟虢叔封到河南荥阳一带，为东虢国；弟弟虢仲封于陕西宝鸡一带，为西虢国，后迁到三门峡。子孙居功奢靡，终为晋侯所灭。

一个小国，墓葬有 250 座，其中 2 座国君墓，1 座国君夫人墓，8 座车马坑，3 座马坑，总面积 32.45 万平方米，出土文物 16 万多件。有六个等级葬式，其中第一等为九鼎八簋八鬲，以下依次减少两件。此外还有各种乐器、车马等陪葬品，名目繁多。把财富都埋在地下，留给后人吧。

金铺首衔环

金腰带饰

玉神人面饰

玉饰

天命无常，西周同样没有逃脱这一铁律，历史迎来了东周。西周经历多年的治世，富裕了各封地的大小诸侯。太子姬宜臼即位，看到镐京残破不堪，再也无法作为都城了，便打算东迁洛邑，却没有迁都的资费。史载晋文侯挺身勤王，护送周平王完成东迁。21 世纪初，考古意外发掘了晋文侯墓葬，才看清楚晋文侯当时的实力，确实富可敌天子。仅北赵晋侯墓地 1 号车马坑的阵势便足以证明晋文侯的综合实力，而前一年在山西曲沃史村镇羊舌村发掘晋侯国君级别的墓葬及其不远处晋文侯夫人的墓葬，尽管被盗毁，仍然残存了证明其等级规格的陪葬品。

当然，从春秋开始，由于大诸侯之间战争不断，消耗国力和财力，反而是那些小国，不用军备竞赛和打仗，积蓄了丰厚的财富，殷实隐蔽。

人首蛇身玉饰，外径 3.8 厘米，厚 0.2 厘米，春秋时期，
河南省光山县宝相寺黄君孟墓出土，河南博物院藏

美的对话

它们在对话，那是美在对话，我们搬来沙发。

这对人首蛇身玉佩，是一对国君夫妇的随葬品。

当时的黄国，是一个不见经传的小国，位于汉、淮之间，在今天的河南、湖北交界带，当时这一带，还生存着其他一些小诸侯国。

黄国为嬴姓，墓葬在河南南部光山县宝相寺。

黄国君主叫孟，这对孟夫妇，不知他们生前如何，反正死后会享受。有没有这样的人呢？生前很节俭，死后将积蓄都带走，不给后人留。

墨子说，厚葬亡国。从春秋战国时期的墓葬情况来看，个人随葬品过分讲究的国家多为小国，虢国不大，黄国更小，可随葬品却惊人。

孟夫妇的随葬品，包括铜器、玉器、石器、竹器、漆木器及麻、丝织品 7 类 242 件，其中光玉器就有 185 件之多。怎样来解释这一点呢？

可不可以这样说，黄也是楚的属国，在大国楚的监护下，它只能消费，

青玉虎形饰，通长 12.5 厘米，宽 6.2 厘米，春秋时期，
河南省光山县宝相寺黄君孟墓出土，河南博物院藏

青玉虎形饰，通长 14.6 厘米，宽 4.4 厘米，春秋时期，
河南省淅川县下寺楚国墓地 M1 出土

不能发展军备，它的财富，与其都上贡了，还不如死了都带到墓里去？战国时期，楚的另一个属国曾国也是如此，从墓葬来看，曾侯乙墓真是富有无比，可当时，它却是一个小国，后来也不见经传，国家因何而亡？这是个谜。

而晋、楚那些大国，反而不见有这样的墓葬，为什么？很可能是因为大国的财富大多用于军备，而非个人消费，所以墓葬就从简了。

厚葬好，还是简葬好？要看怎么说，就当时国之存亡而言，当然是简葬好，可从文化传承来看，还是厚葬好，让后人发掘出来，未尝不是一种“存在主义”，当思想要偷懒时，我们不妨借助黑格尔的一句名言：存在即合理。

端详这随葬品，它们放出温润的光芒，那是美留住了时光。

玉腕饰，周长 47 厘米，陕西省韩城市梁带村芮国 27 号墓出土

七璜联珠组玉佩，全长 105 厘米，宽 25 厘米，陕西省韩城市梁带村芮国 27 号墓出土

金肩饰，长 13 厘米，宽 11.3 厘米，厚 0.3 厘米，陕西省韩城市梁带村芮国 27 号墓出土

芮国和黄国居于西北。芮伯不过是一介卿士，连诸侯都算不上，也许是太富裕了，春秋时为秦穆公所灭。

11

天命无常之礼与诗

春秋故事里，有“郑伯克段于鄢”，也与申女有关。

申侯，是伯夷之后。当年，伯夷、叔齐两兄弟，拦住马头，反对武王伐纣。他们所持的理由，就是帽子再脏，都要戴在头上，鞋子再漂亮，也必须穿在脚下。总之，居于下者，不可犯上。这样的论调，显然不符合“汤武革命，顺乎天而应乎人”的主旋律，他们在一个“革命”事业蓬勃兴起的时代，成了中国历史上最早的“反革命”。

武王不理他们，两位一气之下，不食周粟，躲到首阳山里，采薇度日。听人说，这薇，也是周王家的，“溥天之下，莫非王土”，竟不食而死。

这两位，不是有点迂，而且是迂到革命来临时，成为“反革命”。

可他们气节还在，让你不服不行，因此在中国历史上成了名人。而他们的子孙呢，对不起，来了个大转变，不仅受了周的分封，还学会了犯上作乱。

西周初年，申国原来在今陕西和山西之间，宣王南征，进入汉水流域，占了南阳盆地，此后，又封申侯于南阳，此即《诗经·大雅·崧高》所谓“定申伯之宅”。

申侯之女做了幽王的王后。后来她被幽王废了，她的娘家申侯就收留了太子宜臼，替申女报仇。

那申侯，既不效其祖忠君，又不敢学武王革命，就用犬戎作乱。

作乱也会遗传，没有证据表明，作乱只传男不传女。申侯家，不光男子作乱，女子也作乱。申女伴幽王，能不作乱？若非其怂恿，太子怎会跑到申国去？

郑伯的母亲，也是位申女，名曰武姜，是《左传》开篇就提到的“作女”。她嫁给郑武公，生了两个儿子，就是庄公与共叔段，她厚此薄彼，使兄弟相争。

庄公出生时，“倒行逆施”，不是头先出生，而是脚先出来——“寤生”，惊了母亲，母恶之，而溺爱共叔段，亟请于武公，欲废兄立弟，然未成，庄公即位，母“作”之。有了母亲干预，弟弟要风得风，要雨得雨，弟欲灭兄长，母亲也支持。

结果，兄弟一战，“郑伯克段于鄢”，庄公打跑了弟弟，恨及申女。

置申女于城颍，而誓之曰：“不及黄泉，无相见也！”既而又悔之。

颍考叔听说了这事，就来进谏。庄公赐食于他，食有肉，他却舍不得吃。庄公问他：为什么不吃？他回答说：请允许我带回去给母亲吃。庄公闻之而叹曰，你有母亲可以孝敬，而我却没有啊！我把话那样说出去了，现在好后悔，真不知该怎么办啊……

颍考叔就说，您不要担忧，如果挖一条地道相见，谁会说您食言？

庄公听了他的话，就挖了一条很深的地道，看着地下水也冒出来了。然后，就跑去与母亲相见，还在地道里赋诗：深深的地道中，“其乐也融融”！母亲姜氏与儿在地道相见后，也很快乐：从地道里出来，“其乐也泄泄”！母与子，就这样和好了。当时的君子们都夸颍考叔，说他纯孝，能爱其母而影响到庄公，还引用了一句诗：“孝子不匮，永锡尔类。”左丘明用这样一个故事，解读了孔子的那句名言——“唯女子与小人为难养也”。

春秋之乱，始于“女子与小人”，而治之根本，在于提倡孝悌精神。

礼崩乐坏了，还有诗。让诗把我们带到内心，用爱克服政治阴沉；让诗把我们带回本性，从人本性中放出孝的光明，《诗经》云：孝子源源不断，天下就会太平。

活在礼制文明中，人生多半被形式化，规矩很多，规定了每个人都该干什么，对管理者来说，这叫作“规范化管理”，排除了偶然性和不确定性，活在一个必然性的王国里。日子，如果真能都这么过，那当然也不错，可还有天命无常呢？天命无常的根源，其实还在人性里，人不满足于自然地活着，偏要从自然循环里跑出来，做自己。

活着，人可以将就，而生活，那就要讲究；活着，服从自然规律，而生活，就得遵循价值规律。人在自然规律下活着，生老病死，皆为自然，并非无常；人在价值规律下生活，就难免无常，生活在是非、利害、荣辱、盈亏、得失、成败、兴亡之中。

若想用一种国家制度从根本上来克服人生无常，那是乌托邦。

因为人难求全，顾得成败，顾不了荣辱，能知得失，却不明是非。

历史中的人，也只能如此了，超越历史的人，还没从历史中出生。

只要人还是作为历史而存在，即便人人都是尧、舜，无常照样会来。人之于无常，又怕又爱，爱它以机遇，提升人价值，怕它突然一击，被击倒在不确定性里。

完全害怕无常，是占有了一切的王。当他应有尽有后，当他自以为无所不能后，当他自命为天命的化身后，你想吧，无常，除了对他突然一击，还能给他什么？

幽王那把火，就是无常之火，美人那一笑，就是天命无常的笑。

唯革命者，能爱无常，当文王发现天命无常时，他竟然欣喜若狂。

就在那个春秋世界里，埋伏了多少这样的革命者？期盼天命无常。

当无常到来时，人们不喜欢礼而喜欢诗，礼有定制，诗无惯例。人以礼，而活在礼制文明的有常里；人以诗，而体会天命无常的悲喜。无常已经来了，就要投入无常中去，用理想之光，去照亮无常的行止，在无常中，无为而无不为，诗意地栖居。

礼崩乐坏时，人心里还有诗，纷纷扰扰的春秋时期，充满了诗语。

鲁文公好久没去朝见晋侯，晋侯派兵来打他，他只好去晋国拜谒。

而晋侯却故意不见他，只派了阳处父来与他结盟，以此来羞辱他。

那时，会盟是一件大事情，堪称“国之大事”，很神圣，盟法如下：凿地为穴，杀牲于其上，割牲左耳，以盘盛之，取其血，以敦盛之，读盟约以告神，然后，略微饮血——歃血，再加盟约正本于牺牲之上，埋入地穴中，副本则会盟者各持一份归藏。

毕竟是一国之君，晋侯觉得自己有些过分，怕影响不好，又给鲁文公打了个招呼，说可以改期盟约，请他再来一趟。这一回，鲁文公招之即来，乖乖地去会盟，晋侯亲自接见了他，宴席上，晋侯赋了一首诗《菁菁者莪》，曰：“既见君子，乐且有仪。”

鲁文公从座位上下来拜晋侯，说：小国听从大国命令，一点儿也不敢有违礼仪。何况您赐我以如此大礼，还有什么能比这更让我快乐呢？小国的快乐呀，都由大国赐予。听了这番话，晋侯也赶忙从座位上下来，向鲁文公回礼。于是，鲁文公更加谦卑，即席赋《假乐》曰：“假乐君子，显显令德。宜民宜人，受禄于天。”这样的颂词，竟然出于国君之口。

当时的君子们都认为，鲁文公在这场礼仪中，好言礼，而非真懂礼。

次年，鲁文公派人去齐国迎娶姜氏，没有派卿去，就更证明了他不懂礼。因此，人们都说，姜氏到了鲁国，不会有好日子过，因为鲁文公用了尊贵的礼节行聘，却以卑贱的方式迎娶，礼已经被他废了，所以，就训之以《我将》，曰：“畏天之威，于时保之。”

而文公本人，越不懂礼，还越喜欢赋诗，动不动就要来一两首。

卫宁武子来聘，鲁文公与之宴，宴席上，为赋《湛露》及《彤弓》。卫宁武子没有回音，鲁文公派人去问，卫宁武子说，这两首诗，都是过去诸侯朝拜天子时，由天子来赋的。《湛露》，乃天子当阳，诸侯用命也；《彤弓》，乃诸侯献功，王赐以彤弓。

诗言志，可怜的鲁文公，在诗里稍微僭越了一下，就没人理他。

如果他在晋侯跟前敢这样赋诗，那他肯定又要受到相应的惩罚。大国之君虽然僭越天子，但以实力支撑，能以天子名义代行天子事，可鲁为弱国，难免意淫。

原来“周礼尽在鲁”，当无常到来时，连周公的子孙也按捺不住了。

天命无常的诱惑真大啊！哪怕没有什么实力，也要在诗里偷窥一下。

当时，有个最懂诗的人，不在鲁国，也不在中原，他来自太湖边。

鲁襄公二十九年，吴公子季札来到鲁国，想欣赏一下周的歌舞。

襄公让乐工为之歌《周南》《召南》之诗，他听了就说：美啊！是周“王化”的奠基，但还没有完成，民勤劳而无怨声。

接着，又为他歌《邶》《墉》《卫》之诗，他说：好深沉的美啊！虽有忧虑，却很从容啊，我听说卫康叔、武公就是这样的，这是《卫风》吧？

为他歌《王》，他说：美啊！民虽有忧思但无恐惧，那是周室东迁呀！

为他歌《郑》，他说：美啊！但郑国政教烦琐苛细，它要先亡啊！

为他歌《齐》，他说：美啊！泱泱大国风啊，这是太公的国家吧！

为他歌《豳》，他说：美啊！坦坦荡荡，如周公东征一样。

为他歌《秦》，他说：歌声浩大，大到极点了，是周的老歌呀！

为他歌《魏》，他说：美啊！声大却委婉，音高却平稳，如明主啊。

为他歌《唐》，他说：想得深啊！大概是尧的遗民吧，忧思未来。

为他歌《小雅》，他说：思想纯正，怨而能忍，周德虽衰，犹有遗民。

为他歌《大雅》，他说：宽广而祥和，“曲而有直体，其文王之德乎”？

为他舞《象箾》《南钥》，他说：虽然美啊！但还有遗憾。

为他舞《大武》，他说：美啊！周朝兴盛的时候，就是这样子。

为他舞《韶濩》，他说：圣人再伟大，也有顾不到的难处。

为他舞《大夏》，他说：美啊！牺牲自己，从不自诩，这就是禹。

为他舞《韶箾》，他说：多么伟大！如天之覆，如地之载，观止矣！

孔子闻《韶》乐，称“三月不知肉味”，这样说来，季札是孔子的先驱。

有了政治智慧，季札才能这样体会，有了文化素养，政治才有这样的品位。

野蛮的政治，有还不如没有，因此，政治要文化化，一如春秋季札。

也不能太文化而忘了政治，所以，文化还要政治化，要关心政治。

原以为吴国是个野蛮国家，可吴公子季札品诗，有一种诗性的政治智慧，他用这种智慧，不仅巡礼了殷周以来的中原文化，还对中原各国的现状及人物都做了评价。

季札到了齐国，见了晏婴，就对他说：“你赶快把封邑和权力都交回去！没有封邑和权力，才能免于难。齐国的政权就要改变，归属未定，大难临头。”晏子听了他的话，就通过陈桓子归还了封邑和权力，使他一家在随之而来的一场国难中得以幸免。面对无常，晏子没有进取，而是逃脱。陈桓子的后代，就是篡夺了齐国的田氏。在诸侯国里，国君身旁，埋伏了多少像陈桓子一样天命无常的刺客，一有机遇，就突然发出致命的一击。

到郑国时，季札见了子产，两人一见如故，互赠礼物。他对子产说：“郑国的执政太奢侈，危难将至，到时候，肯定要由你来掌握权力。你执政时，要小心谨慎，以礼行事，不然的话，郑国很快就会衰败。”

到了晋国，季札对赵文子、韩宣子、魏献子说：“晋国就要归你们三家了。”离开晋国时，他对前来送行的叔向，又做了一番特别的提示，说：

“你要注意啊，晋国的政权，就要归那三家了。你太直率，容易招来祸害，从现在开始，你要为自己的安危多考虑。”

晏婴、子产、叔向，皆为春秋时代贤者，可时代已悄然转变！当无常的厄运，落到周天子头上时，礼坏了，他们还能赋诗；可是，当无常的厄运，落到诸侯头上时，他们连诗都作不成了。

战国时代的外交，已不再吟诗，而是“争于气力”，“策士横议”。

季札挂剑图

美的王子

刻绘精致的漆盘，是三国时吴国人用品。

在三分天下的战局中，吴国人依然活得有滋有味，漆盘上的故事告诉我们，吴国还在向往春秋诗意，当年那诗意，还流淌在太湖流域。

春秋初期，吴国富庶而崇尚诗、礼，吴王寿梦有四子，公子季札最小，也最贤，父王有意季札继位，三兄长也让贤，可季札不肯。

公元前544年，季札游历中原观礼，闻乐而知兴衰。

这么一位锦绣人物，像先知一样，预言了战国时代的到来。

田氏代齐，三家分晋，果然，如期而至，被他言中了。

过徐国时，徐王夸他的佩剑，但他还有使命，不便送剑。

回来时，徐王已逝，他在徐王墓前，自谓我心已许。

墓旁有一棵树，树下有一片荫，树荫里有一位王子。

他在古树下，默默无语，洒泪揖别，挂剑怆然而去……

12

锦绣江山与美的儿女

吴公子季札来自江南——太湖边上的那个吴国。

不管那国家有多么古老，在周人看来，依然是蛮夷。

蛮夷，不光因为历史与文化，还由于地缘政治，在以中原为“中国”的地缘政治格局里，本来作为中国文明引擎的东南一隅，反倒被中原以蛮夷视之。

可蛮夷之地，却出了这么一位具有诗性政治智慧的锦绣人物，而且像先知一样，在对周文化巡礼以后，预言了战国时代的到来——田氏代齐、三家分晋。

春秋时期的新生代，除了对无常感兴趣，还有谁会对礼感兴趣？季札到中原，他拜会的都是各国显赫的实力派政界名士，那时，还没有人会注意到有个年轻的新生代孔子问世，他不知有孔子，因为没人向他提起，而孔子却在关注他，从他身上观礼。

季札从齐国返回江南，归途，传来长子去世的消息，他要在路上办葬礼。

孔子听说后，前去观看了葬礼的整个过程，然后说道：“延陵季子，吴之习于礼者也。”延陵，是季子在吴国的居住地，古人喜欢以居住地作为一个人的名号。

季子行葬礼，那时，他哪会注意到身边还有个不那么起眼的孔子？可孔子在一旁却看得很细，将当时的情景都记录下来，这事载入《礼记·檀弓》里。

葬毕，季子大号三声，曰："骨肉复归于土，命也！魂气则无不之也。"骨肉归于土啊，而灵魂却哪里都能去！这分明是灵与肉二分的意识。

这意识，在孔子思想形成以前就出现了，这在思想史上有着重大意义。过去，我们注意到孔子向老子问礼所具有的历史意义，但还不曾注意到孔子观季子行葬礼所具有的意义。行文于斯，有此发现，我们心里如同一道彩虹升起，很是欢喜。

孔子观葬礼，叹为观止，他称赞季子懂礼，是基于两个向度，一是操作性向度——仪，他认为，整个葬礼仪式都彬彬有礼；一是精神向度——义，他认为，灵与肉二分是懂礼。这是因为礼从根本上来说，就是以仪安顿肉体，以义安顿灵魂。

有关此事，又见于《孔子家语·曲礼子贡问》以及《说苑·修文》等。此次延陵季子中原行，可以说是一次使吴国"去蛮夷化"的文化之旅，不仅季子本人的学养令中原人士叹服，而且他还使得中原各国诚心接纳吴国，使吴国加入"文化中国"之林。

除了展示文化，季子还向中原各国人士展示了吴国的生产技术。

当时，最能代表吴国技术水平的，一是青铜技术，一是丝绸工艺。

虽然吴国的青铜技术很高，有吴王金戈为证，但季子向中原各国展示的，却是和平的丝绸工艺，他带去白锦赤尾丝织缟带，作为赠送的礼品，令中原人士赞叹不已。他在郑国，与子产互赠礼品，他赠给子产的，就是这种丝织缟带，而子产回赠给他的，则是郑国产的纻，"吴地贵缟，郑地贵纻"，都是一时珍品，南来北往，做了"玉帛之国"的象征。晋大夫叔向使吴，当其归国之时，吴王曾以数百人穿锦绣衣，缤纷而至，为其送行，那个美呀！居然有泛滥之势，将吴人的文雅及财力，迤逦而广示，有化干戈为玉帛之意。

吴欲争霸，北上齐、晋之地，先示之以锦绣迤逦，表明其先礼原教旨。

春秋争霸，先礼后兵，以美开头，一国拥有丝绸多少，可以作为考察该国综合国力的一项指标。一座锦绣江山，既能反映该国财力状况，还能反映该国民生状况。

“先礼”，即先示之以玉帛，“后兵”，再大动干戈。能以“礼之用”解决最好，“礼”解决不了，不得已，再用“兵”解决。这其实便是那句三代以来就流行的“国之大事，在祀与戎”的翻版，“祀”为“礼”，“戎”为“兵”，也是“先礼”政治。

“礼”还有个文化中国的样子，而“兵”则一副王朝中国的架势。

“先礼后兵”，看上去是文化中国优先，但实际上，最重要的并非谁优先，而是谁能守住底线，“兵”就是王朝中国的底线。“先礼”，就是首先打文化中国这张牌，最好以文化中国不战而胜，不过，最好的不一定是最重要的，最重要的是不得不用的。

最好的是什么？当然是理想国。这个理想国，并非停留在未来的某处，等着人们去发现，而是在以往的传统里就有过，并且是越来越被理想化了的尧舜之国。通往尧舜之国的道路，就是尧舜之道，杜甫说的“致君尧舜上”，就是帮助君主走上尧舜之道，造就一个尧舜之国，成为尧舜之君。这是高端，是文化中国的来路，也是王朝中国的去处。

但尧舜之道并非王朝中国的命脉，一代王朝的悬命处，是财与兵，守住这两点，就守住了王朝中国的底线，尧舜之道在高端，而起步却是财与兵，“先礼”便是财的起步。

吴王“先礼”，广示玉帛，以示他有足以争霸的富足财力，当然还有能与之相应的兵器和兵力，吴王金戈是有名的，但干将、镆铘之剑，岂非更有不可一世的杀气？我们若把眼光放远一点，那时，中国能在世界历史上留下一笔的，并非那些在王朝史观里神乎其神但在西方早已见惯的青铜兵器，而是美轮美奂的中国文化的玉帛气质，那个美呀！

为了丝绸，西方不惜代价，不远万里来东方寻觅，留下了他们的马迹。地中海的阳光和空气使本来就透明的丝绸更能曲尽其妙，那若有若无的线条，被纯净的光线，赋予了神的气息，洒落帕特农神庙，命运女神将它披在身上，使坚硬的大理石飘柔起来……

同一时期的古希腊历史学家希罗多德，在他的《历史》中，谈起同东方的丝绸贸易，说游牧的斯基泰人，曾经绕着里海、咸海往北而行，越过中亚，进入天山以北、阿尔泰以南地区，从事丝绸贸易。另外，考古学家在德国南部斯图加特的霍克杜夫村也发现了这一时期中国丝绸的几缕残丝。也许古希腊的“赛里斯”，就出自中国太湖流域，可不知要经过多少个中间环节，才能到达希腊人的手里。当时秦霸西戎，控制了对西域的贸易，以至于西方人只知有秦，甚至称中国为“秦”，而不知有中原诸国，遑论江淮及太湖流域。从春秋时期开始，也许还要更早一些，有人说，还在周穆王西游昆仑与西王母相会时，他就带了丝绸去。

迄于汉初，胡人重锦绣，战马换丝绸，增强了汉人国力。打败匈奴靠马力，可马力都是用锦绣换来的。太湖边上的吴国，早就懂得用锦绣来扩充国力，表现国力。

美，也是国之利器，具有战略意义，以此来看锦绣之美，就不是看作丝织物的产品附加值，而是看它能“文而化之”的文化值。美术加技术，造就了丝织物，美是它的灵魂，技术是其骨肉。锦绣之于人体，首先是美丽，其次是舒适，超越了寒者衣的底线，难免奢侈。但它自有其文化意义，美是创造力的源泉，是自信心的表现，是国魂的展示。

但是，美也要有节制，当美泛滥时，难免要贬值，陷入肉的舒适。

吴以丝绸之美，造就锦绣江山，然其立国之本，在于季子美的理念。

《孙子兵法》是最美的兵法，它以简约的美，使战争的本质透明化，像织丝绸一样，把战争的规律，一丝一缕，经纬于兵法，即使兵不厌诈——“实者虚之，虚者实之”，亦美！吴王带着美的兵法去争霸，以青铜之美、锦绣之美，还有兵法之美，纵横天下。

美的理念，在《孙子兵法》中，得到了最高的表达：“夫兵形象水。”

多美呀！吴王问孙子：“美的理念，能不能用美女来表达？”他太爱美了，尤爱美女。孙子回答：“能。但所有的美女，都必须绝对服从美的理念——兵法，以及王权。”

美女演兵，搔首弄姿，风情万种，以一种被王权主义宠坏了的泛滥之美，嘲笑、戏弄美的理念。季子以美立国，是为国之魂魄；孙子为美立法，就是《孙子兵法》。

美是一把刀啊，要敢于杀！孙子杀了嘲笑美的美人，用美人撒娇的头颅，祭奠美的理念，这就是兵法，《孙子兵法》！吴王争霸就靠它。如果吴王夫差能从兵法中体会美的理念，牢记孙子如何为美立法，也许不会失败吧？让我们先来看一下，孙子用了怎样的诗的语言，使美的理念兵法化，让我们跟随历史上那些数不清的英雄，同他们一起放声吟诵：

凡战者，以正合，以奇胜。故善出奇者，无穷如天地，不竭如江河，终而复始，日月是也；死而复生，四时是也。声不过五，五声之变，不可胜听也。色不过五，五色之变，不可胜观也。味不过五，五味之变，不可胜尝也。战势不过奇正，奇正之变，不可胜穷也。奇正相生，如循环之无端，孰能穷之哉！

这样的诗性文章，可以跟老子的《道德经》相比，不在屈原《离骚》之下。

古今中外，能以诗性写兵法者，可谓绝无仅有，唯我中国孙子也！

后世注《孙子》者，代有才人，然而，唯有诗人，能得其诗意，唯有大诗人，能得其大诗意，曹操大诗人也，故能以诗性注《孙子》而人不可及，不可及也！

从季子之叹，到孙子一斩，吴以美的理念立国，缔造锦绣江山。吴王阖闾，终于接受了孙子的斩杀，以美的兵法开创霸业。斩杀是一种节制，绝对的节制，是对美的节制，宁可让美，在形而上的诗意险境中峭立，也不允许美在下水道的欲望里泛滥。

泛滥的美啊，是欲壑横流的祸水，王者不动如山要峭立，不可随意。

而吴王夫差，却放弃了那决然的一杀，他自以为能超越那一杀而升化。

孙子那一杀，是兵法的根，是兵法中的天机，没那一杀，把勾践放走了。

美女又回来了，推翻了美的理念——不是推翻，而是终结。夫差相信自己，已经终结了美的理念。他的先王，曾以毕生心力追求，可美的理念，却径自向他走来了。

可不，美的理念就在跟前，与他相偎，伴他而眠，那是真正的美啊！是美的理念完美无缺的感性显现，什么闭月羞花，何止沉鱼落雁！其美啊，堪与万物交感。

浣纱越女，人称西施，来自苎萝山下，若耶溪边，翩若惊鸿，婉如晨风，如溪之朝露，散发山野气息，其名“夷光”，其母“尝浴帛于溪，有明珠射体，感而孕”。

因其为夷女，故以“夷”名之？或如《诗经》云：“既见君子，云胡不夷？”或如《老子》所谓“视之不见，名曰夷”，谓其来自幽微之处冥冥之中无形无相的本体？

“夷”，还有蒙昧的意思，“夷光”还是蒙昧中的一线光——美的理念之光，要将蒙昧照亮？可这启蒙之光啊，效果却为双刃，“夷”还有另一面——夷为平地。

活在汉语里，就只能这样辩证地活，一个人的名，也许就是他的命。

西施那一生啊，就只能活在“夷光”二字里，她再美，也只好如此。

送她进吴宫来的，是范蠡。吴王喜欢范蠡，他才不相信那个尝过他的大便的家伙有发现美的眼力，他认为，越国只有范蠡懂得美的理念，能了解他的心思。

当年，吴王就劝过范蠡：“我听说，好女人不嫁破亡之家，聪明人不官将亡之国，我想赦免了你的罪行，你能够弃越国而归我吴国吗？你何必跟着那个老是被人耻笑的家伙，到吴国来做奴做仆呢？你这样做，难道不是很下贱吗？”范蠡这样回答：“我听说，亡国之臣不语政，败军之将不言勇，我在越国不忠不信，和越王一起，没有听从您的号令，犯下了罪行，现在我们君臣都投降了，蒙您赐恩于我们，留下我们君臣，我们都愿意侍候您。”

越王伏地流涕，以为范蠡会弃他而去，没想到范蠡回来了，回到又脏又臭的石屋，和他们夫妇一起喂马、养马，就这样，日复一日，过了三年，心无愠怒，面无恨色。吴王在远处眺望，见他们举止安详，围坐于马粪旁，行君臣礼，尽夫妇仪，叹曰：“那几个倒霉的家伙，虽然穷厄，却不失尊严，历尽苦难，而依然快乐，连我都为他们感到难过。”

吴王心一软，将他们都放了，为什么？当然是为了范蠡，他才这么做的。

这一次，范蠡又来了，奉了越王之命，特来献上美人。吴王懂得范蠡心思，知那美人必是他爱人，他要是不爱啊，就不会选来，被他选来，就一定是他的所爱。

唯有爱之眼能发现美的理念；而美的理念显现，唯有爱能看见。

伍子胥那家伙，没有爱，只有恨，没有美的理念，只有历史经验。试以吴王的口吻，来讲述这段历史：

此次，越王献来美女，伍子胥又摇着头说“不可”，还拿历史的经验教训我，说什么“王勿受也，臣闻五色令人目盲，五音令人耳聋”。这是人话吗？没有“五色”，岂非瞎子？没有“五音”，才是聋子！何况“五色”“五音”，除了诉诸耳目，还有美的理念。

美的理念啊，乃我先祖季子所传，被孙子一斩，而有了兵法尊严。

可那一斩啊，也有缺陷，犹如“绝地天通”，斩断了美人与美的关联，阻挡了现实存在通往美的理念。不错，孙子那一斩，限制了美的泛滥，却带来杀的狂欢。

孙子率领吴军，一举攻入楚国，伍子胥那厮为报私仇，掘楚王墓，鞭其尸，那还不是杀的狂欢？没有杀的狂欢，吴军怎会被赶出楚国？没有杀的狂欢，我的父王阖闾，怎会战死在越国？如果我听了伍子胥的话，在越国狂杀，恐怕我也要被赶出越国吧。

其时，楚于西边虎踞，晋于北方龙视，我不能只顾越国一头。因此，杀的节制，乃用兵的极致，关键时刻，杀还是不杀，最难决策。孙子兵法里，我最欣赏那一句：“不战而屈人之兵，善之善者也。”最高的境界是不杀，在不杀中，兵法与美的理念统一了，这样奇妙的思想，伍子胥能懂吗？可范蠡懂啊！将来能打败我的人，也就只有范蠡了。

伍子胥不识趣，我没有跟他算老账，他倒反来教训我，动不动就拿亡国的桀、纣来说事，倚老卖老，说来说去，说得国家不吉利，我是桀、纣之君吗？那他是个什么东西？！倒像个乱臣贼子。在自己的祖国滥杀，根本不把自己的祖国当回事，算什么东西！

一个仇恨祖国的人，怎会热爱我们吴国？这一点，他跟范蠡没法比！

我曾问范蠡：你在越国，只是个过客，何必用自己的身家性命来顶着？

范蠡说：我的祖国是楚国，可楚国人民没有认可我，把我当作狂人。我在越国本是过客，可越国的人民认同我，把我当作圣人，因此啊，我可以爱楚国而离去，却不能离开越国。

有这样的情怀，才配做我的对手，他把自己所爱献给我，是因为他懂得，唯有我配享他所爱，那个尝大便的家伙根本就不配，而他要享有，就必须打败我，才有爱的资格。

我占有了他所爱，是因为我也爱，而且，我自认为，比他更有资格爱。我深知他心思，与其将他所爱同他一起留在那个尝大便的家伙身边，还不如送到我这里来更安全，他的爱，在我这里，会得到最高的对待。我在等他来啊，与他相约，做最后一战。这一战，我等了二十年，可他没有来，我还有耐心等，为了与毕生对手一战，时间我让他选。

本来，那个尝大便的家伙早已按捺不住了，我知道，他眼里只有那伍子胥，他把伍子胥作为他的对手。在伍子胥身上，他不知道花了多少银子，用了多少反间计，我将计就计，杀了伍子胥，诱他出手。那个尝大便的家伙就要动手了，可范蠡却制止了他，他只要一出手，我就要将他彻底消灭。他尝大便也好，尝苦胆也好，对于我来说，都是一样的——他本就是个人渣。他这一生，不但尝过我的大便，连苦胆都吃了二十多年，哪还有个人样？即使他变魔鬼，也不是我的对手，即便他再吃二十年苦胆，只要他一出手，我还要他回来尝大便。他再也不敢不听范蠡言，范蠡要他等，他就等，忍耐着，又多吃了苦胆好几年。

范蠡啊，你我高手对决，却把这个人渣，晾在一边，饱受人格的熬煎。

我知道，你不是为了这个人渣而战，是为了你的祖国和人民而战，为了你的爱和美的理念而战，千年等一回啊！美的理念终于显现。为了美而战，我还可以再等你二十年，这便是春秋之礼，决不乘人之危，而是成人之美。这样伟大的礼仪啊，以后不会再有了！唯春秋君子才有。为美而战，为了人性的美和人格的尊严而战，我期待着这巅峰一战。

有人对我说，你何必要等着，应当攻打越国，进攻就能胜利，可我偏要等。因为我有两个诺言：一个是对友谊的承诺，我要等范蠡来，他要么跟我走，要么击倒我；还有就是对爱的承诺，我的爱请求我，对我说，我爱你，也爱我的祖国，我请你不要打我的祖国。我答应了她，但是，我也对她说，如果你的祖国来打我，我要反击，那时你必须中立。

有人说，我的爱是美人计，是桀之妺喜、纣之妲己，伍子胥那家伙，逢人便这样说起，我不怪他们，他们陷在污泥里，看什么都是污泥，用污泥的眼光看世界，天上没有云彩，都是污垢。可怜啦！深陷污泥之中，还要苦其心志，那就只好吃苦胆、尝大便了。

想想吧，如果这种赖活的智慧，掌握了孙子兵法，这世界将会充满了欺诈，而美的理念和君子之风，将会在兵不厌诈的世风中漂泊，在血雨腥风的飘摇里倒下。时代风气变了，君子向小人靠拢，孔子和子贡啊，为了救鲁国，居然欺骗我，同越国勾结了，让我出兵去救鲁国，我打败了齐国，救了鲁国，可越国却出手了……他们就这样报答了我。

范蠡等了整整二十年，他终于出手了。我败了，但我决不赖活，生如旭日喷薄，死如日落江河。这就是我啊，这就是我！我的爱啊，我把头颅交给你，将你沉到太湖里。你要带着我的头颅去啊，去找那范蠡，他知道我的一切，他会来救你，你跟他去，我的爱啊，你是美女中的美女，是美女中最幸运的美女，在所有的美女里，唯有你能流芳百世。

将我的头颅带去，它还有我生命中的热气，美的儿女啊，拜托了！

通过吴王自白，我们体会到了一种历史的情怀。历史性的美，多是悲剧，所谓丰功伟绩，有时并不足取，而悲剧却能使我们从人性的根底，拾起打开历史之门的钥匙……

四千多年前的绢片

锦绣当年

太湖边上，吴、越争霸，胜利者挥戈北上。

他们的力量，不但来自青铜，还来自丝绸。

吴王金戈越王剑，能称霸中原，可通西域，还要靠丝绸。

古希腊人于公元前5世纪前后，就看到了中国丝绸。而公元前1世纪左右，罗马人才知道丝绸，而那位婀娜多姿的女神，就身着透明丝绸。

那丝绸，也许就来自太湖流域，这片残绢，依稀可见其当年。

四千多年前的绢片，它的美，依旧没有被时间炭化，伴它重现的还有一些丝线、丝带，这是目前在中国南方发现的最早的丝织物成品，为家蚕丝织，呈黄褐色，每股线，均由20根单蚕丝合并，经密52根，纬密45根。

由此可见，丝绸的美，早就成了吴、越国力的源泉。

当季札带着吴国丝绸，示美中原时，那也是在显示国力。

太湖边上的吴国，早就懂得用锦绣来扩充国力，表现国力。据《史记·吴太伯世家》载，吴楚边界有两桑女争桑，二女家怒，互为灭门，两国边邑长闻之，怒而相攻，结果楚灭吴之边邑。吴王怒，举兵伐楚，取楚两都。

嫘祖督蚕

元代王祯《农书》云：嫘祖是黄帝的妻子，后来历代皇后宫妃都有祭祀蚕桑仪式的传统。

吴王寿梦墓中珠襦饰件

苏州市郊浒关镇西北，有两座山，大真山和小真山。

吴国第一代君王——季札的父王寿梦，便葬在大真山上。

吴以锦绣之美，造就锦绣江山，墓葬里也依稀可见锦绣。可惜盗墓者先期而至，几许玉甲、漆绘残片之外，就是这几缕编织珠襦的饰件。

多么精致，白丝串联润白如玉的珠子！我们虽未见季子当年赠子产的白锦赤尾丝织缟带，但这已足以令我们如当年中原人士，赞叹不已。

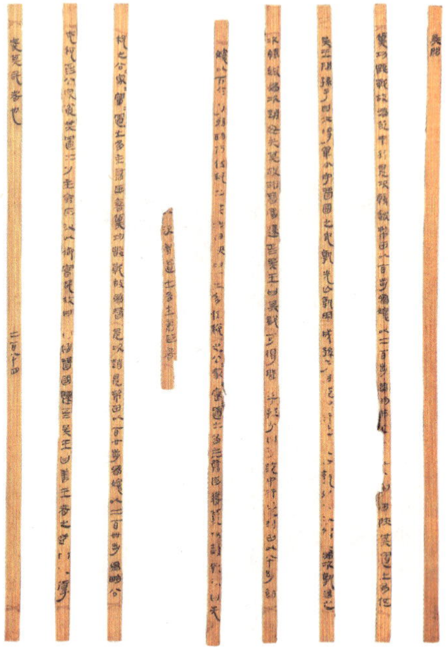

国内所见最早版本的竹简《孙子兵法》，
山东临沂银雀山 1 号墓出土

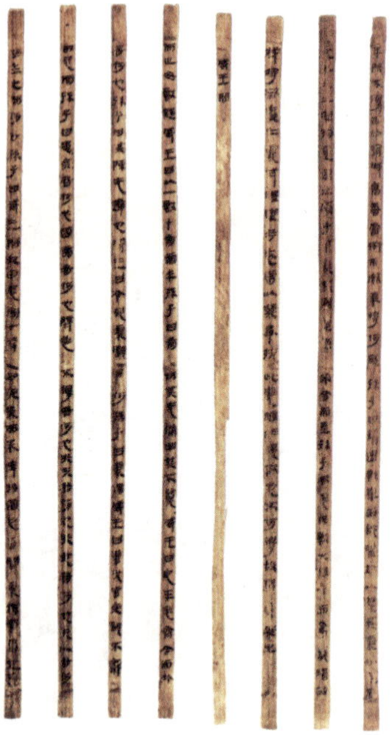

竹简《孙膑兵法》，山东临沂银雀山
1 号墓出土

孙武，为齐国田氏之后，隐于江南太湖，著兵法。

经伍子胥引见，吴王阖闾读孙子兵法，叹为知己。

不过，他还是要同孙子开个玩笑，以美人试诸兵法。孙子遂以兵法为美人之法，用两颗鲜艳的美人头颅，为兵法立极，震骇吴王。

吴王立国，有三宝：丝绸、青铜，还有兵法。

山东临沂银雀山汉墓出土“孙子十三篇”，篇名与《宋本十一家注孙子》版本的篇名相同，证实了“孙子十三篇”为孙武原著。

吴王夫差矛，通长 29.5 厘米，湖北江陵马山出土

吴王夫差矛，是吴国战士美的绝对理念。矛的中脊有血槽，周身雕饰暗菱纹，于暗菱纹之优雅中，带了血槽杀气，基部有错金铭文两行八字。此矛铸冶精良，保存完好。

越王勾践剑，通长 55.7 厘米，
宽 4.6 厘米，湖北江陵望山出土

比起吴王夫差的英雄气概和儿女情长来，越王勾践更为阴鸷，记得夫差自刎于姑苏山，一场惨烈的悲剧就要结束时，出来谢幕的却是小人，手握一把绝世宝刃，上面镌刻“越王鸠浅（勾践）自乍（作）用（剑）”。两千多年后出土，剑刃依然寒气逼人，黑色菱形花纹，如阴谋，布满了剑身。

任伯年《西施浣纱》

一位翩若惊鸿、美若晨曦的浣纱女子。

宛若丝绸之魂附体，吴越锦绣之美的代表。

刘公旦宅笔下的西施，柔如蚕丝，美如纤竹。

任伯年公的浣纱图，西施立于溪畔，如溪之朝露，带来山野风。高傲脱俗，独立不倚，内刚秀外，身后的岩石做证，不让须眉矣。

历史的过客中，西施真邪伪邪？当勿纠勿缠。因为那是一种美的精神，作为春秋之美的最后一道彩虹，为吴越春秋争霸献祭。

13

吴以运河攻天下

江南第一条运河，是太伯开的，所以叫“伯渎河”。

传说，太伯开了九泾一渎，形成江南最初的运河体系。

一渎，就是伯渎，由西向东流，经过梅村，往常熟流去。

可他当年筑的城，却没有留下来，连个遗址都没有发现。

城墙如牙齿，河道如舌头，软的还存在，硬的早就倒掉了。北方之强，以长城为标志，那是对政治的夸耀，南方之强，以运河为代表，是出于经济需要。

修长城要花多少钱？它会抽干一个朝代的血，使之早夭。

而运河流到哪里，哪里就会繁荣起来，哪里就会有财富的增长。

同样是统一，用长城围起来的统一，跟用运河连起来的统一是不一样的。前者是超经济强制的统一，而后者有可能发展出经济共同体的市场化的统一。

如今，长城那一撇啊，早就废了，不过，作为历史遗产，还有其文物和观赏价值，而运河这一捺啊，却还在用，还是一如既往，为沿河两岸带来繁荣。

京杭古运河，全长 1700 多千米，自杭州至济宁段，有 800 多千米，一直在通航。主流虽位于江淮之间，可吴越争霸时，也常出入齐鲁一线。到了战国中后期，这一段，属于楚国地盘，基于自发性的经济关联，形成了运河经济带和楚文化圈。

运河往北去，经济关联度便降低了，围绕财政收入，而凸显中央集权，一旦漕运有了新来路，如改了海运，或改以铁路运输，原来的那条运河就被废弃。

华北大平原，本来就不具有形成运河体系的自然条件，运河流入，完全是因为中央集权，而非经济关联。其交通便利处，在于车马，不在船。或曰，运河也带来了华北地区的经济繁荣，例如天津，就是用运河水养肥的，还有运河沿途许多城市，也是分了中央财赋制度的一杯羹而发育起来的。这样的繁荣，乃中央集权的产物，缺少内在的经济关联度，是京城效应的放大，而非自身发展所致，一旦京城效应转移，或消失，就黯然了。

而运河在江南，无论现代化的交通体系多么完备，它依然奔流不息，因为它源于大地，来自历史，是一种生态体系，也是文明体系，运载着民生，流淌着国计。

江南运河，一开始并没有往北去。太伯南下路线，是从西北向东南去，由太伯开启的伯渎河也一如既往，向东南去。运河往北去，是从吴国伐楚开始的。

《史记·河渠书》说“渠”：“于吴，则通渠三江、五湖。”

“渠”，就是运河。阖闾命伍子胥开渠，自高淳凿通长江支流水阳江和太湖之间的分水岭东坝，把水阳江水和荆溪水连通起来，向西，穿过南漪、固城、石臼、丹阳诸湖，转入长江，向东则穿过三塔荡、长荡诸湖，转入太湖，这便是胥溪。

还有一条故吴水道，以伯渎河为枢纽，南下姑苏，北抵江阴。

有了这两条运河，吴国舟师，可从姑苏出太湖，循运河至芜湖，截江北进濡须口，再入淮，往西北去伐楚，也可以挥师北上，兵发江阴，跨江而至扬州。

有了这两条运河，吴国舟师，就能进退自如，或东或西轮番出击，还能依托运河经济，以战养战，行之六年，终于疲楚，五战皆克，一举攻入郢都。

春秋以来，句吴国转入低潮期，被楚压迫。原来虎方两支，赣江那一支和淝水那一支，都被挤压至宁镇山地和太湖流域。而山西之虞国，则被晋人算计。

句吴复兴，从季札开始。他北上中原，看似与诸侯论礼谈诗，放言天下大势，实则，一如当年太伯行事，欲争取北方各国支持，共同对付“大楚帝国主义”。

当年太伯“翦商”，如今季子“翦楚”，自季子一出，吴即举世瞩目。天下志士，有识之士，纷纷来吴，申公巫臣从晋国来，孙武从齐国来，伍子胥从楚国来……

因此，锦绣吴地，又崛起一代雄主，阖闾破楚，有两大宝物。

此前，有季子外交，此时，有孙子用兵，此二人者，皆以诗应世。季子以王者之诗，孙子以兵家之诗，江南断发文身地，其立国也，非立于礼，而立于诗。

故有吴歌铸入青铜，有吴乐，化作山河岁月，流水般传世。

出其不意，是兵法，也是诗法，但绝非礼法。夫兵形似水，以运河用兵，此乃山河之诗，天地之美，起于江南，深入江淮，而趋于中原，汇入黄河流域。

阖闾以运河攻楚，其思想，源于《孙子兵法》；而伍子胥，则是一位伟大的工程师，他不仅能理解诗，还要将浪漫的诗意，落实在一道道复杂的工序里。

当其凿穿东坝岭，开通胥溪，吴国舟师突然跨江入淮，战于楚地，非但楚人之惊讶，中原各国也无不瞠目结舌矣。其时，楚之势也，各国无有敢撄其锋者，以晋之强，亦仅能阻挡楚之锋芒，不敢深入楚地用兵。敢之者，唯有吴！因为吴有孙武。

孙武一生，仅此一战，能以一战破楚，其时，亦唯有孙武。

此战之于孙武，能以一战检验其兵法，亦可谓不亦乐乎！古往今来，能以诗意用兵者，仅有这三人：其一孙武；其二曹操，曹操以大诗人注《孙子》，故其注于十一家注中，体会最深，颇切要领；其三毛泽东，横空出世的诗意，化作革命兵法。

以诗意用兵，妙在出其不意，然其势，难以持久，故孙武以一战破楚之后就消失了，试想一下，如孙子久战而败，或如吴起结局，他还能成为兵家之祖？

诗意的失足，如曹操赤壁之战。

然而，失足的先例，虽非孙武，却难逃那黩武的阖闾。

阖闾破楚后，又继以攻越，然孙子已去，结果被越人反噬。

越军出钱塘江，至钱塘江北岸河庄山，今海宁盐官，经由百尺渎北上，与吴军相遇于槜李，勾践驱罪徒于吴军阵前自杀，乘吴军惊愕未定之时，飞快出击。

吴军溃败，阖闾战死，其子夫差继之，凿胥浦，因太湖泄水道，疏浚而贯通之，西出太湖，东至海，北起姑苏城，南下杭州湾，吴舟师以此跨海攻越。

有百尺渎和胥浦两条运河，轮番攻越，吴用兵自如，而越为形势所拘，久战必疲，强大如楚者，且为吴所疲，何况区区之越欤？吴引而不发，而越先动，吴舟师诱越军入其太湖彀中，决战于夫椒——太湖之西洞庭山，越败，其国破，其君为奴。

吴遂北上，欲伐齐、晋，以霸中国。故舟师过江，入扬州而筑邗城，开邗沟以通江淮，且以运河攻齐也。吴军于邗城下掘深沟，引长江水灌之，经邗城、武广湖、陆阳湖、樊梁湖、博芝湖、射阳湖，奔向淮安城北末口，又称“神沟”处，一泄入淮。

从军事上来看，长城是静态防御性的，运河是动态进攻性的。

吴以运河攻天下，以其能以战养战，节节进取，如川流不息也。其养战者，并非靠着单纯的掠夺性的“因粮于敌”，它还是生产和贸易并用以保障供给。

吴以开运河来扩大制河权，制河权是它称霸的撒手锏。

夫差将运河开到淮河一线，我们知道那是王朝生命线。

他跨越淮河，从江淮到黄淮，至艾陵（今山东莱芜），与齐国决战，那是势均力敌的决战，以三军对三军，以十万对十万，以步兵方阵对抗车骑冲击，结果呢？他胜了，胜在出其不意。两军对决时，他留了一手，在中国战史上，预备队是他的发明。

胜利来自他的最后一击，他看准了，亲自率领预备队出击。

谁也没料到他会有这一手，因为史无前例，更因为他立于诗，而非立于礼。那华丽的一击，遮天蔽日，吴王金戈如海潮般涌去，他终于出手了！

这一手，太狠，太绝，那十万车骑，竟然被他一战全歼。他以歼灭战，宣告战国时代的到来。韩信之智不过如此，项羽之勇也不过如此，他兼而有之。

但他不懂王朝政治，不会改朝换代那套把戏，伍子胥懂，反而被他瞧不起。如果伍子胥在，是不是还要劝他灭齐？他是胜人之军，而非亡人之国的。

齐国服了，还有晋。晋不服，夫差在黄淮平原上接着开运河。

吴师由邗沟入淮，由淮入泗、沂，仅达齐、鲁。与晋争霸，还要开运河。他看中了泗水与济水之间的菏泽，在此“阙为深沟”，引水东流，注入泗水。

吴师由泗入菏，溯济而西，和晋侯会盟于济水岸之黄池。

此水，源于菏泽，故名菏水，江淮与黄淮因此水连成一体。

吴都苏州，以太湖为枢纽，以运河为纽带，控引四方河流。

沿胥浦西行，可跨江至濡须口，越巢湖入淮，此为“中江”；沿胥浦东流而下，则为“东江”，可通于海，两江连成一线，就成为一条东西向的大运河。

从苏州往南去，沿百尺渎，入钱塘江；向北，沿古江南河，越长江，而达于邗沟，逾淮而通于黄河，贯通江、淮、河、济，成为一条南北向的大运河。

这样的十字形运河，形如长剑，剑柄在江南，剑锋直指中原。就历史的价值而言，开辟这样一个运河王国，远胜于建立一代王朝。如果说秦汉王朝是王朝中最伟大的王朝，那么吴国就是所有王国中最伟大的王国了。对于一个留下了《孙子兵法》和大运河的吴国，一个梦想着用运河统一中国的吴国，除了用“最伟大”三个字来表达，我们还真不知该怎么说。山河岁月忆江南，最忆是运河，在运河里，流淌了江南的兵魂和虎魄。